しらいのりこ

のっけて食べる

白央篤司

文藝春秋

まえがき

白央　のりちゃん（しらいさん）とは取材でお会いしたのが初対面で、その後だんだん仲よくなったんだよね。飲みに行って、お互いのうちでも飲み会をするようになって…。

しらい　みんなで旅行にも行ったね。香川県へいりこ漁を見学しに行って、愛媛にも足を延ばして。楽しかった。

白　とにかく2人とも食べることとお酒が大好きで。

し　あと漫画もドラマも！　しゃべり出したら止まらない。

白　笑いと泣きと許せないところのツボが似ている(笑)。まさか一緒に連載するとは思わなかった。『のっけて食べる』は、もともとCREA WEBでの365日、毎日更新のレシピ連載だったね。

し　あっちゃん（白央さん）と交代でのっけレシピを紹介してきたけど、当時は次に何をのっけるか、目をギラギラさせて考えてたなー。

白　そうそう。旅行や出張で道の駅なんかに立ち寄ると、「のっけによさそうなものはねえが～」って毎度探してたよ（笑）。

し　これはのっけるべきか否かってね。

白　のりちゃんと一緒だったから、1年連載もなんとか完走できたと思っています。何をのっけるかもあるけど、何にのっけるかも範囲を広げて。ごはんにはじまり、おかゆやお茶漬け、蕎麦、うどん、パスタ、パンまで。

し　連載中にあっちゃんが「クラッカーにのっけてもいいですか？」って言った時、編集さんに「クラッカーは主食じゃないんで」って断られたことをいま思い出した（笑）。

白　いつも優しい編集さんがきっぱり「ダメです」ってね…。

し　あの時、ショボンとしていたのが面白かった。そんなにクラッカーにのっけたかったの？（笑）

白　ほら、僕カナッペ好きだから。沢口靖子さんばりの。

し　リッツパーティーね（笑）。

現代人にピッタリな「のっけて食べる」

し　この本は、2人のレシピを調理の難易度別に章分けして、36

5種のレシピから選りすぐって作りました。

白　のっけるだけの「ただのっける」から、「ちゃんと作ってのっける」まで。少しずつ難易度は上がっていくけど、基本的には作りやすく、トライしやすい「のっけ」が多いです。

し　お取り寄せ情報が詰まった7章もお役立ちページだよね。

白　「のっけごはん」にすると、洗い物も少ないし手間も少なめ。合わせる汁ものを野菜多めにすれば、バランスもいい。「のっけて食べる」スタイルは、忙しい現代人にとてもいいと思うな。

し　おかずが少しさびしくても、いい感じに見えるし。

白　のっけの長所だよね、「丼」スタイルのすごさ。

「のっけ」から見える人となり

し　それにしても、あっちゃんの料理はいつも洒落てるねえ。

白　「イチジクとローストビーフのっけパン（P35）」のこと？　やっぱりね、性格が出ちゃうっていうか…（笑）。

し　あふれ出るセンスのよさ（笑）。

白　冗談はさておき、やっぱりのりちゃんはプロの料理研究家として、「作りやすく、買いやすい食材で」という読者の暮らしに寄り添ったレシピづくりを自然にされている。だから私は、いっそ自由に遊ぼうと思ったんです。その方がメリハリもつくし。

し　え、そうなの？

白　イチジクやローストビーフは手頃な食材でもないし、よく使うものでもないけれど、え〜いのっけてみよう、みたいな。私はなんでもアリにしないと1年続けられないなと、ある時、覚悟決めました。

し　レシピから、その時にハマっている食材が透けて見えるとか、生活が浮かび上がってくるのも楽しかったね。あっちゃんはスーパーで面白い食材を発見するのがうまい。この本には載ってないけど、「モウカザメのバター醤油ソテー丼」には驚いたもん、モウカザメって何って（笑）。おいしい缶詰や瓶詰もよく知ってるよね。

白　ぜひ第2弾を出して、みなさんにモウカザメ紹介したい。

し　あはは。こんな2人の共通点や相違点を発見しつつ、のっけレシピを楽しんでいただければ！

白　のっけると食卓が楽しくなること、間違いなしです！

もくじ

第1章 ただのっける

第2章 ちょっと切ってのっける

第3章 なんちゃってのっけ

第4章 簡単に作ってのっける

もくじ

第5章 定番おかずのっけ

第6章 ちゃんと作ってのっける

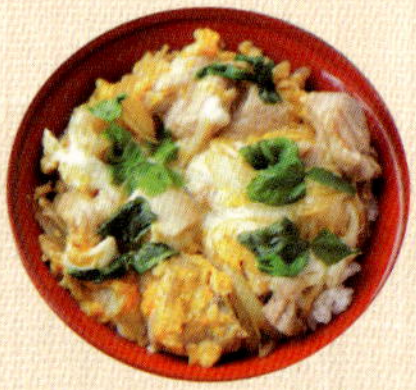

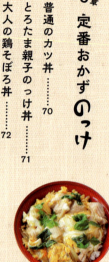

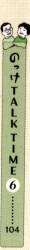

第7章 買ってのっける

この本の使い方

- 計量の単位は、大さじ1は15mℓ、小さじ1は5mℓです。
- ひとつまみは、親指、人差し指、中指でつまんだ量です。
- 醤油は濃口を使用しています。
  薄口と記載があるものは薄口醤油がおすすめです。
- オリーブオイルは「エクストラバージン」を使用。
- 調理時間は目安です。
  火力や鍋の大きさによっても変わってきますので、
  様子を見ながら調整してください。

第1章

ただのっける

遅く帰った日も、ウダウダしたいお休みの日も、
ごはんに麺に、ただ材料を「のっける」だけで
すぐおいしい、すごくおいしい！

トロッと濃厚な
最強の
ごはんのおとも

SHIROGOHAN
白ごはん
エンドレス
ENDLESS

イクラ黄身おろし
のっけ丼

材料（1人分）
卵黄 …1個
大根おろし …大さじ3
イクラの塩漬けまたは醤油漬け
…好きなだけ
薄口醤油 …お好みで
ごはん …適量

作り方
1 軽く水気をしぼった大根おろしに卵黄を入れて混ぜる。
2 器にごはんを盛り、黄身おろしとイクラを好きなだけのっける。お好みで薄口醤油をかける。

今日の当番

・秋に出回る生すじこは「今しかない」旬の食材です。イクラは自家製でも買っても、秋だけの贅沢使いでたっぷりどうぞ。
・黄身おろしは和え衣にも使えるし、おひたしを和えたり、焼き魚に添えたり、すき焼きにつけても。余った白身はかきたま汁などに。

LOCAL TASTE
郷土系
レシピ

すじこ納豆
のっけごはん

材料（1人分）

すじこ …適量
納豆 …1パック
ごはん …適量

作り方

1 **器に**ごはんを盛り、かき混ぜておいた納豆をのせ、すじこを好きな量のっける。

今日の当番

・私の大好物！　青森でおなじみの組み合わせ。
・すじこはサケ科の魚の卵を塩漬け、または醤油漬けにしたもの。北海道や東北、北陸では定番のごはんのおともにして、晩酌のアテやおにぎりの具としても大人気ですよね。

魚卵×大豆は
相性がバツグン！

これも一種の
シーフードカレー！

海苔のっけカレー

材料（1人分）
カレー、ごはん、海苔 …各適量

作り方
1 カレーライスにちぎった海苔をのっける。

新たな
おいしさ
発見

今日の当番

・「カレー＋海苔」は、海苔の名産地・有明海をのぞむ、福岡県柳川市にある人気の海苔店「成清海苔店」のご主人が教えてくれました。
・海苔の旨みがカレーと溶け合って未体験のおいしさに。カレーはお好きなレトルトなどを使ってください。

ゆで汁が
最高のスープ
になる！

野菜
たっぷり

豆苗トマトのっけラーメン

材料（1人分）

豆苗 …1パック
トマト …中2個
サッポロ一番塩ラーメン …1袋

作り方

1 豆苗を根元から2㎝ぐらい上のところで切る。トマトはサッと洗って食べやすい大きさに切っておく。

2 鍋に水 600㎖（分量外）を入れて沸かし、豆苗を入れたらゆっくり5秒数えてざるに上げる。

3 トマトを同じ鍋に入れて中火で6〜7分ほど煮る。

4 トマトを取り出し、インスタント麺を入れて好みの固さに煮て、スープの素を入れて器に盛る。豆苗とトマトをのっける。

今日の当番

・トマトを箸で崩しながらどうぞ。トマトの酸味と旨みが、「サッポロ一番塩ラーメン」とものすごーく合うんですよ。
・豆苗は、手軽に使える青菜として本当にすぐれもの。ラーメンに入れたら1パックもペロリと食べられちゃいます。

コロッケのっけ味噌汁

クセになる味

材料（1人分）

コロッケ …1個
キャベツ（細切り）…適量
出汁 …200㎖
味噌 …大さじ 2/3 程度

作り方

1 出汁を沸かし、味噌を溶いておく。
2 熱々のところをお椀に注ぎ、キャベツを入れてコロッケをのっける。

今日の当番

- 中学生の時にフトやってみたら、これがおいしい。コロッケそば同様、汁とジャガイモと衣が溶け合う感じがやみつきです。
- 「のっけることで別のおいしさが生まれる」という本連載のテーマにぴったりな一品。

ごはんの
おかずになる
お味噌汁

ごはん
麺
パン
肉
魚介
野菜
卵
大豆系

スピード命の
あつあつ
絶品うどん

イカ明太子のっけの
カルボナーラうどん

がっつり
いきましょう!

材料（1人分）

辛子明太子 …20g
イカの刺身 …30g
冷凍うどん …1玉
卵黄…1個
バター …5g
大葉 …2枚
黒こしょう …適量

作り方

1 細く切ったイカの刺身をほぐした明太子で和える。大葉は千切りにする。

2 冷凍うどんは袋の表示どおりに加熱しておく。

3 2を器に盛り、1と卵黄、バターをのっけて、黒こしょうをふり、熱いうちに混ぜる。

今日の当番

・カルボナーラといえばパスタですが、うどんも大好き。
最後に追い明太子したり、海苔をのっけたりしても。
・明太子の代わりにたらこでもいいですし、
大葉の代わりに小ねぎでもOKです。

サバ水煮缶
×納豆で
火を使わない
即席ごはん

郷土系
レシピ

サバ納豆のっけうどん

材料（1人分）

サバ水煮 …100g 程度
納豆（好みのもの）…1パック
小ねぎ（小口切り）…適量
冷凍うどん …1玉
めんつゆ（3倍濃縮）…大さじ1
白いりごま…適量

作り方

1 冷凍うどんは袋の表示どおりに加熱しておく。
2 器にうどんを盛り、サバ水煮、納豆、小ねぎをのっけてめんつゆをかけ、白いりごまをふる。
サバをほぐしつつ、全体を混ぜながら召し上がれ。

今日の当番

・山形の「ひっぱりうどん」風レシピ。もともとは熱々うどんを納豆、サバ水煮、生卵、ねぎを混ぜたタレでいただく郷土料理です。
・生卵を加えてもおいしいのです。卵を加える場合は、うどんがぬるくならないように先に卵を常温に戻しておいて。

ゆかりがあると
1ランク上の味に

とろろ＆ゆかりのっけ蕎麦

材料（1人分）

冷凍蕎麦 …1玉
冷凍とろろ …80g 程度
わさび、ゆかり、めんつゆ
（ストレートタイプ）…各適量

作り方

1 冷凍蕎麦は袋の表示どおりに解凍し、水気をしっかり切って器に盛り、めんつゆをかける。
2 とろろ、わさび、ゆかりをのっける。

あっさり
いただけます

今日の当番

・冷凍蕎麦のお気に入りは、信越明星さんの「流水解凍 信州ざるそば」。食感がよく、流水解凍もできて使い勝手バツグンです。
・チューブのおろしわさびは、静岡のわさび専門店、田丸屋本店さんの「沢わさび」がおすすめ。

優しいおいしさが
じんわり広がる

あさり佃煮のっけがゆ

材料（1人分）

あさりの佃煮 …4～5個
白がゆ …適量
小ねぎ（小口切り）…少々

作り方

1 器に熱々のおかゆを盛り、あさりの佃煮をのっけてフタまたはラップをする。
2 3～4分ほど置いたら、小ねぎをのせる。

風邪の日に
食べたい

今日の当番

・甘くてほろ苦いあさりの佃煮がほどよく温められて柔らかくなり、旨みがおかゆに溶け出します。
・薬味は小ねぎ、あるいは刻んだ三つ葉がおすすめ。

市販のうなぎに
香味野菜を
たっぷり！

うなぎと香味野菜のっけ出汁茶漬け

食欲がない日にも

材料（1人分）

うなぎのかば焼き …1切れ
大葉（千切り）…1枚
小ねぎ（小口切り）…少々
みょうが（小口切り）…1/2 個
わさび …適量
ごはん …好きなだけ
出汁 …200㎖

作り方

1 うなぎは1㎝幅程度に切り、器に盛ったごはんにのっける。

2 大葉、小ねぎ、みょうが、わさびをのっけて、温かい出汁をかけていただく。

今日の当番

・土用の丑の日には実家の魚屋から父の作ったうなぎのかば焼きが届きます。丼もいいけど、ひつまぶしのようにお茶漬けにしてみて。
・出汁はなるべく丁寧にひきましょう。昆布とかつおぶしで。折角のおいしいうなぎのためには、手間を惜しんではなりませぬ。

鮭フレーク瓶が
特売の時にぜひ！

鮭バターのっけパスタ

材料（1人分）

スパゲッティ …80g
鮭フレーク …大さじ2程度
バター …8g 程度
めんつゆ（3倍濃縮）…大さじ1と 1/2
小ねぎ（小口切り）、刻み海苔
…各適量

作り方

1 スパゲッティを袋の指示どおりにゆでる。
2 ゆで上がって水気を切った
スパゲッティを器に盛り、鮭フレーク、
バター、小ねぎ、刻み海苔をのっけて、
めんつゆをかける。

クセに
なる味

今日の当番

・スパゲッティが熱々のうちに鮭バターをよく混ぜてください。
ちょっとオリーブオイルを加えてもおいしいですよ。
・味つけはめんつゆだけのお手軽レシピです。

ごはん
麺
パン
肉
魚介
野菜
卵
大豆系

スーパーで
ピザ生地を
発見したら

しらす、みょうが、コーンのっけピザ

材料（1人分）

しらす …大さじ3
とうもろこし …1/2 本
みょうが …3個
ピザ生地（直径19cmのもの）…1枚
アンチョビペースト …小さじ1
オリーブオイル …小さじ2程度
黒こしょう、イタリアンパセリ …各少々

OMOTENASHI
おもてなし
にも
OMOTENASHI

作り方

1 とうもろこしは包丁でタテに実をそぐように切り落とす。缶詰やレトルトパウチのものを使ってもOK。
2 みょうがは縦半分に切って小口切りにする。
3 ボウルなどに1、2、しらすを入れてよく混ぜ、とうもろこしはしっかりほぐす。
4 ピザ生地にアンチョビペーストをまんべんなく塗り、3をのっけて、オリーブオイルを全体にかける。
5 オーブントースターに入れて7〜10分ほど、生地のふちがカリッとするまで焼く。
仕上げに刻んだイタリアンパセリを散らし、黒こしょうをひく。

今日の当番

・最後にのせるイタリアンパセリもいい仕事をするので、なるべく外さずにいきましょう。
・アンチョビペーストでなく、マヨネーズで作ってもおいしいですよ。

のっけ TALK TIME 1

「のっけ」の更なる楽しみ方をご紹介

しらい　ここでは、レシピページで語りきれなかったことを改めてあっちゃんとおしゃべりします。

白央　そうそう、のりちゃんの最初のレシピ**「イクラ黄身おろしのっけ丼(P12)」**にあった黄身おろし、私はやったことなかったんだけど、よく使う料理法なの？

し　あまりメジャーではないけど、和食のテクニックで。WEBで連載が始まった頃のレシピだから、ちょっとはりきってたかな。私が衝撃だったのは**「すじこ納豆のっけごはん(P13)」**。こんな東西両横綱みたいな、すごい2つを合わせるなんてけしからん！と思った（笑）。

白　そのまま海苔巻きにしても最高だよ。

し　それ最高！　あと、発想がユニークと思ったのが**「とろろ&ゆかりのっけ蕎麦(P19)」**かな。

白　とろろをのっけるのは普通だけど、ゆかりを加えてレシピにしちゃえって。僕、結構ゆかりを賞味期限内に使い切れなくてさ。

し　あ、中東料理はゆかりを使うから、中東料理で使ってみたら？

白　へえ、それいいね。知らなかった。

し　中東料理に「スマック」っていうスパイスがあるんだけど、それがほぼゆかりなの。肉や魚のグリルとかサラダにかけるとおいしいよ。

白　やってみます。

し　**「しらす、みょうが、コーンのっけピザ(P23)」**もいいレシピ。あっちゃんはほんとしらす好きだよね。しらす王子もしくはシラサー（笑）。

白　友達のお母さんが、子供がピザを食べたがるけど、宅配のピザはやっぱりカロリーが高いから、スーパーで売っているピザ生地を使ってピザを焼いていると教えてくれて、やってみたんだ。

し　あっちゃんが加工品を自由自在に上手に使ってるところ、とても参考になると思うよ。

第2章

ちょっと切ってのっける

疲れていて、何が食べたいのか、
何を食べたらいいのかわからなくなったら。
ちょっと切ってのっけるだけで
おいしく食べられる「お疲れ救済レシピ」！

カツオの梅トマトのっけごはん

材料（1人分）

トマト（1㎝角切り）…1/2 個
梅干し（種を除いてたたく）…1 個
おろし生姜 …小さじ 1
カツオ（サク）…100g
ゴーヤ …1/4 本
玄米ごはん…適量

作り方

1 トマトと梅干し、生姜を混ぜて、たれを作る。
2 カツオは薄めに切り分ける。ゴーヤも薄切りにしてサッとゆでて冷水に取る。
3 器に盛ったごはんに水気を切ったゴーヤ、カツオをのっけ、トマトのたれをかける。

今日の当番

・隙あらばタンパク質の摂取に励んでいますが、カツオは超優良食材！100g でなんと約 30g もタンパク質が。背側がよりヘルシー。
・同じ色の食材は相性が◎なので、トマトと梅干しを混ぜて。
・カツオはクセがあるので、生姜も少し入れています。

あっさり
いただけます

栄養価も高く
疲れた体が
喜ぶ!

ピリ辛がうまい
韓国風ごはん！

カツオとにらのユッケ丼

食欲がない日にも

材料（1人分）

カツオ（サク）…60g
にら（1cm幅切り）…大さじ1
長ねぎ（みじん切り）…大さじ1
コチュジャン …小さじ1
ごま油 …少々
おろしにんにく …少々
卵黄 …1個
ごはん …適量

作り方

1 カツオは包丁でたたく。
2 ボウルに 1、にら、長ねぎ、コチュジャン、ごま油、にんにくを入れて混ぜる。
3 器にごはんを盛り、2 をのっけて中央をくぼませ、卵黄をのせる。

今日の当番

・カツオは大きなサクで購入して、食べきれない時はユッケに。
・カツオはマグロと比べると臭みが強いので、生のにら、長ねぎなど香味野菜多めでどうぞ。香味野菜が余ったら、刻んでお醤油に漬けておくと「香味醤油」として重宝しますよ。

刺身を
塩昆布で
和えるだけ!

鯛の塩昆布〆のっけ茶漬け

あっさりいただけます

材料（1人分）

刺身（鯛、スズキなど）… 6～8切れ
塩昆布 …大さじ 1 程度
白いりごま …小さじ 1
三つ葉（または小ねぎ）…少々
ごはん …適量

作り方

1 刺身を塩昆布で和え、10分ほどおく。
2 器にごはんを盛り1と三つ葉をのっけて白いりごまをふりかけ、熱湯（分量外）を注ぐ。

今日の当番

・お刺身を塩昆布で和えて少し時間を置くと、いい感じの塩味がつき、身が締まって、ちょっと昆布〆もどきになるんです。
・熱々の湯をかけてお茶漬けにすれば、半煮えの鯛に、塩昆布から旨みが流れ出していい感じ。塩昆布はお茶漬けに便利です。

ぬか漬け独特の
酸味が
食欲を誘う

刻みおしんこ のっけ冷やし茶漬け

食欲が
ない
日にも

材料（1人分）

きゅうり、にんじん、なす、大根などの
　ぬか漬け…各 2 切れ程度
冷やごはん …1膳分
好みの冷たいお茶、白いりごま
　…各適量

作り方

1 ぬか漬けをそれぞれ細かく刻む。
2 器に冷やごはんを盛り1をのっけ、冷茶をそそぎ、白いりごまを散らす。

今日の当番

・食欲がわかない時は旨みやコクをばっさり減らして、シンプルな味わいを基調にするといいですよ。
・ごはんは水でひと洗いして、ざるに上げてから使うと、より食べやすいです。お茶は冷たい麦茶でもウーロン茶でも合います。

赤と緑と白、
麗しき夏の
トリコロール

カニカマきゅうり のっけそうめん

食欲がない日にも

材料（1人分）

そうめん …50g（乾麺）
カニ風味カマボコ
…50～60g 程度
きゅうり …1/2 本
めんつゆ（ストレートタイプ）
…適量

作り方

1 きゅうりはよく洗って、水気を拭き取り、長めの細切りにする。
2 そうめんをパッケージの指示どおりにゆでて、冷水に取り、よく水気を切る。
3 器に2を盛り、1とカニ風味カマボコをのっけて、めんつゆを加える。

今日の当番

・最近はカニ風味カマボコも種類豊富にありますが、私はカネテツというメーカーの「ほぼカニ」という商品が好き。値段も手頃。付属のだし酢できゅうりを和えて、おつまみにするのも好きです。

サンマかば焼き のっけそうめん

元気が出るレシピ

材料（1人分）

サンマのかば焼き …2 切れ
きゅうり …1/2 本
そうめん、めんつゆ
（ストレートタイプ）…各適量

作り方

1 そうめんをパッケージの指示どおりにゆでて、冷水に取り水気を切っておく。
2 きゅうりをサッと洗って水気を拭き、細切りにする。
3 器に1を盛り、2とサンマのかば焼きをのっけて、めんつゆをかける。

今日の当番

- 薬味はわさびがよく合います。こってりジャンク好きならマヨネーズを。冷やしうどんでもおいしいです。
- いわしの醤油煮缶やサバの味噌煮缶も悪くないけど、サンマのかば焼き缶がやっぱり格別です。

サンマのかば焼き缶でごちそう麺

熱々アボカド
×
冷たい塩辛
の名コンビ

焼アボカド塩辛丼

材料（1人分）

アボカド …1/2 個
イカの塩辛 …適量
植物油 …小さじ 1/2
醤油 …少々
ごはん …適量

作り方

1 アボカドは皮をむいて、ひと口大に切っておく。
2 フライパンに油をひいて中火にかけ、アボカドを軽く炒める。薄く焼き色がつけばOK。
3 器にごはんを盛り、2とイカの塩辛をのっけて醤油をふる。

新たなおいしさ発見

今日の当番

・アボカドは焼くと表面はこんがり、トロッと感も増して、また違うおいしさが生まれます。
・炒め油はオリーブオイルでもいいですよ。ごはん抜きで日本酒のおつまみにするのもおすすめ。

ひと夏食べ続けた
人がいるほど
美味

アボカド・塩昆布のっけ茶漬け

クセになる味

材料（1人分）

アボカド …1/4 個
塩昆布、小ねぎ（小口切り）、
ちりめんじゃこ、白いりごま…各適量
ごはん …適量
お茶（煎茶）…適量

作り方

1 アボカドは皮をむいて、ひと口大に切っておく。
2 器にごはんを盛り、1と塩昆布、小ねぎ、ちりめんじゃこ、白いりごまをのっけて、お茶をかける。

今日の当番

・お茶をかけたらすぐに召し上がってください。時間をおくと、ごはんがどんどん膨らんで危険です。
・アボカドと塩昆布だけでも充分おいしいです。
・今回は熱い煎茶をかけましたが、冷茶、お湯や水でもおいしいです。

納豆
＋
細かく切った
漬け物や野菜を
混ぜ混ぜ

LOCAL TASTE
郷土系
レシピ

きりざいのっけごはん

材料（1人分）

納豆 …1パック
小松菜 …40g
塩 …少々
たくあん …2枚（20g）
海苔 …適量
かぐら南蛮味噌
（またはコチュジャン）…お好みで
ごはん …好きなだけ

作り方

1 納豆は付属のたれを混ぜる。
小松菜は根をおとし、1㎝幅に切り、塩でもみ10分ほど置いたら、出てきた水気をしっかりしぼる。たくあんはみじん切りにする。すべて混ぜる。

2 器にごはんを盛り、ちぎった海苔と1をのっけ、お好みでかぐら南蛮味噌をのっけて混ぜながら食べる。

今日の当番

・新潟県魚沼地方の郷土料理「きりざい」は、納豆に漬け物や野菜の切ったものを混ぜた家庭料理のことです。
・かぐら南蛮味噌とは、ピーマンに似た唐辛子の一種「かぐら南蛮」と味噌を混ぜたおかず味噌のこと。コチュジャンでも代用できます。

おしゃれで
ちょっと贅沢な
フルーツのっけ

イチジクとローストビーフのっけパン

OMOTENASHI
おもてなしにも
OMOTENASHI

材料（1人分）

パン …1枚
ローストビーフ …4切れ
イチジク …1個
バルサミコ酢 …小さじ1
オリーブオイル …小さじ1
塩こしょう …少々

作り方

1 イチジクは皮をむいて、4等分に輪切りにする。パンを好みの加減に焼く。

2 ボウルなどにバルサミコ酢とオリーブオイルを入れてよく混ぜ、イチジクを入れてなじませる。

3 パンにローストビーフとイチジクを交互にのっけて、塩こしょうをふる。

今日の当番

・プロセスの2、イチジクが崩れやすいのでやさしく和えてください。
・手間をかけてもいいなら、玉ねぎとセロリのみじん切りをフレンチドレッシングで和えたものを少々かけると、なお美味。

きゅうり１本のっけトースト

材料（1人分）

食パン …1枚
きゅうり …1本
塩 …ひとつまみ
マヨネーズ、こしょう、
　オリーブオイル …各適量
ピンクペッパー …お好みで

作り方

1 きゅうりを薄切りにし、ボウルなどに入れて塩ひとつまみを加え、全体になじませる。

2 食パンを好みの焼き具合にトーストして、マヨネーズをぬり、こしょうをふる。

3 きゅうりをのっけて、オリーブオイルをふり、ピンクペッパーを散らす。

食欲がない日にも

今日の当番

・おいしさのポイントは、きゅうりを薄く切ること。きゅうりにまぶす塩はごく少量でOK。軽くもむように全体を和えていくと、しっかり水気が抜けます。しぼらずにのせてください。
・好みで辛子マヨネーズや、しらす、刻んだみょうがを混ぜても。

セロリと
レモンが
爽やか

しらすとセロリのっけパン

あっさり
いただけます

材料（1人分）

好みのパン …1枚
セロリ（粗みじん切り）…大さじ2
セロリの葉 …3〜4枚
しらす …大さじ2
オリーブオイル …大さじ1/2
塩こしょう …少々
マヨネーズ …適量
レモン …1カット

作り方

1 セロリの葉を千切りにして、みじん切りのセロリ、しらすと一緒にボウルなどに入れる。
2 1にオリーブオイルと塩こしょうを加えて、よく和える。
3 パンにマヨネーズをぬって2をのっけ、レモンをしぼっていただく。

今日の当番

・レモンは作り方2の段階でボウル内にしぼって、全体によく和えてもおいしいです。
酸っぱいのが苦手な人はあとしぼりで少なめに。

のっけ TALK TIME 2

夏におすすめなさっぱりレシピ

白央 カツオ2連発からはじまった第2章。お刺身に野菜を刻んで加えておかずにするの、楽しいよね。栄養バランスもよくなるし。

しらい 脂が少ないからね。

白 **「カツオの梅トマトのっけごはん（P26）」**は梅トマトとカツオの相性がいいね！　そこにゴーヤを入れたのがさすがだなあと思った。

し 夏にいいメニューなんですよ。そうそう、**「刻みおしんこのっけ冷やし茶漬け（P29）」**のぬか漬けはあっちゃんが漬けているもの？

白 たまにね。30代の子たちと飲んだ時に、よくスーパーでおしんこを買っちゃうんですっていう男子が結構いて、「食べきれなくて酸っぱくなっちゃうのが嫌」って言っていたから、「刻んでお茶漬けにするといいよ」って伝えて。このレシピはその時に思いついたんです。

し のっけレシピはそんな風にできあがるよね。

白 **「サンマかば焼きのっけそうめん（P31）」**のサンマのかば焼きはSNSで教えてもらったんだ。

し あっそうなの。連載中には、Xで楽しみにしてくれている人が結構多かったよね。

白 ありがたかったね。

し しかし、あっちゃん、**「焼アボカド塩辛丼（P32）」**って、攻めてるよね。

白 「コク×コク」ね。

し 「熱々×冷たい」もポイントだよね。カレーに冷やごはんの組み合わせも好き。

白 **「アボカド・塩昆布のっけ茶漬け（P33）」**は、冷茶や冷水でもおいしいことを声を大にして言いたい。アボカドは、コクはあるけど肉じゃないから、食欲がない時にも食べやすいなと思う。

し そして最後に、しらす王子の真骨頂**「しらすとセロリのっけパン（P37）」**が登場！（笑）

白 そうやってからかうから開き直ったの（笑）。

第3章

なんちゃって のっけ

まずはのっけて、しっかり混ぜていただくと
あら不思議！　まるで○○の味がする！
「なんちゃって○○」のっけシリーズ。

揚げてないのに
しっかり天丼味！

元気が出るレシピ

なんちゃって天丼

材料（1人分）

きんぴらごぼう（市販品）…適量
桜えび …大さじ1
揚げ玉 …大さじ1
めんつゆ（3倍濃縮）…大さじ1
小ねぎ（小口切り）…適量
ごはん …適量

作り方

1 揚げ玉にめんつゆをふりかける。
2 ごはんを器に盛り、きんぴらごぼう、桜えび、1、小ねぎをのっけて、混ぜながらいただく。

今日の当番

・きんぴらごぼうは市販品でOK。
小ねぎの代わりに青海苔を使ってもおいしいです。
・お弁当にもおすすめ。

クセになる味

ちくわの磯辺揚げ風丼

材料（1人分）

ちくわ …70g
天かす …大さじ1〜2
青海苔 …適量
植物油 …小さじ1
めんつゆ（3倍濃縮）…大さじ1
酒 …小さじ1
ごはん …1膳分

作り方

1 ちくわは1㎝幅程度のななめ切りにする。フライパンに油をひいて中火にかけ、ちくわの両面をこんがりと焼く。
2 めんつゆ、酒を加えて、水分が軽く飛ぶ程度に炒め煮にする。
3 器にごはんを盛り、2をのっけて、青海苔、天かすを散らす。

今日の当番

・しらいさんの「なんちゃって天丼」にインスパイアされ作った、ちくわの磯辺揚げ風丼。青海苔が効いています。

ちくわ＋青海苔
＋天かす
＝最強！

玉ねぎを
ステーキに！

SHIROGOHAN
白ごはん
エンドレス
ENDLESS

玉テキ丼

材料（1人分）

玉ねぎ …2/3 個
小麦粉 …適量
豚バラ薄切り肉 …50g
にんにく …1/2 片
ごはん …適量
A ［中濃ソース、ケチャップ、みりん …各大さじ 1
　 醤油 …小さじ 1
オリーブオイル …大さじ1
パセリ（あれば）…適量
こしょう …少々

作り方

1 玉ねぎは 1cmの厚さに横に切り分け、小麦粉を薄くつける。豚肉は細かく切る。A は混ぜ合わせておく。にんにくは薄切りにする。
2 フライパンにオリーブオイル、にんにくを入れて弱めの中火で熱し、にんにくがきつね色になったら取り出す。
3 フライパンに玉ねぎを並べてフタをし、中火で 2 分ほど焼いたらひっくり返す。豚肉を加え、ほぐしながら焼く。2 分ほどしたら A を加えて全体になじませる。
4 器にごはんを盛り、3とにんにくをのっけ、こしょうをふり、あればパセリのみじん切りをふる。

今日の当番

・「トンテキ」は分厚い豚肉にケチャップソースを絡めたもの。
今回は玉ねぎをステーキにして、トンテキのソースと絡めています。
・玉ねぎだけは寂しいので、ソースに薄切り肉を入れてます。
・厚切り肉で作る場合は、筋に切り目を入れて焼きましょう。私は肩ロースで作るトンテキが大好きです。

ごはん
麺
パン
肉
魚介
野菜
卵
大豆系

食べれば麻婆丼

おかわり
必至

材料（1人分）

豆腐 …100g
豚ひき肉 …100g
にんにく（粗みじん切り）… 3g
植物油 …小さじ 1
長ねぎ（みじん切り）、白いりごま、ラー油
…各適量
ごはん …適量
A［ 醤油、味噌、酒、みりん …各小さじ 2
小麦粉 …小さじ 1/2

作り方

1 豆腐はひと口大の角切りにしてレンジ対応の容器に入れ、500Wで 3 分ほど加熱する。A を容器に入れてよく合わせておく。
2 フライパンに油をひいて中火にかけ、豚ひき肉、にんにくを加えてほぐしつつ炒める。
3 豚肉の赤いところがなくなったら、A を加えてよく全体を混ぜる。
4 器にごはんを盛り、水気を切った豆腐、3、ねぎをのっけて、白いりごま、ラー油を適量ふる。

・豆腐をチンして、肉味噌を作って「食べたら口の中で麻婆豆腐！」という思いつきからできたレシピです。
・麻婆豆腐や担々麺におすすめのラー油といえば、これ。エスビー食品の「四川風ラー油」、私は100円ショップで買っています。
・今回の肉味噌を豆腐にのっけて、ねぎとこのラー油でおつまみにするのもいいですよ。

四川風ラー油
エスビー食品

えび×玉ねぎ
×揚げ玉で
海老天風味！

海老たまのっけ丼

クセになる味

材料（1人分）

むきえび …5～6 尾（50g）
揚げ玉 …大さじ 1
玉ねぎ …1/8 個
卵 …1 個
めんつゆ（3 倍濃縮）…大さじ 1
水 …大さじ 3
小ねぎ（小口切り）…適量
ごはん …好きなだけ

作り方

1 玉ねぎは薄切りにする。
卵は溶いておく。
2 鍋にめんつゆと水を入れて中火で熱し、
玉ねぎとえびを入れる。
玉ねぎがしんなりしたら揚げ玉を加える。
3 溶き卵を流し入れ、大きく混ぜて火を
止める。
フタをして 1 分ほどしたら器に盛った
ごはんにのっけて、小ねぎを散らす。

今日の当番

・むきえびは冷凍で常備してると何かと安心。
ちょっと入れただけで満足度高し。

おいなりさんのっけ弁当

ホッとする味わい

材料（1人分）

油揚げの甘煮（市販品）
…2枚
しらす …大さじ1
酢めし …丼1杯分
生姜の甘酢漬け …適量
白いりごま …適量

作り方

1 生姜の甘酢漬けは千切りにする。
2 器に酢めしを盛り、1としらすを混ぜる。細切りにした油揚げの甘煮をのっけて、白いりごまを散らす。

今日の当番

・混ぜてから少し時間を置くと味がなじんでおいしい。海苔や炒り卵を混ぜてもおいしいですよ。
・お気に入りの「祇園むら田」の白ごまは、香り高くて、いつものお料理がグレードアップします。

煎り白ごま
祇園むら田

のっけ TALK TIME 3

面倒くさいレシピが気軽に楽しめる

白央　「なんちゃってのっけ」シリーズは、のりちゃんがやっているのを見て面白いなあと思って、自分でも考えてみたんですよ。

しらい　もともと私は、作るのが面倒な献立から発想を得て「食べたら●●の味」になるレシピを考えるのが大好きで。

白　**「玉テキ丼（P42）」**の玉ねぎトンテキの迫力と照り感がすごくいいね。

し　トンテキソースを作って玉ねぎに絡めるんだけど、このソースを覚えておくととっても便利。豚肉をソテーしてこれを絡めると、四日市市の名物・トンテキの味になりますよ。

白　牛や鶏でも合う？

し　合う合う。とっても便利なソースです。中濃ソース、ケチャップ、みりんが大さじ1。醤油が小さじ1。醤油で味が引き締まるの。ここがちょっとプロっぽいでしょ。

白　プロだってば（笑）。

し　（笑）。しかし**「食べれば麻婆丼（P44）」**の写真きれいだね。おいしそう。

白　麻婆豆腐って、みんな好きだよね。

し　でも麻婆豆腐を作ると、あまりの面倒くささに自分で作るもんじゃないって思っちゃうよね。

白　わかる。そんな時に「食べれば麻婆丼」はおすすめです。そして**「おいなりさんのっけ弁当（P47）」**は、ガリが大事な感じですか？

し　いえ、油揚げの甘味さえあれば味は成り立つので、他は何入れてもOKよ。ただ、白いりごまはあれば是非入れて。さらにおいしくなるから。

白　おいなりさんも、作るとなるとハードルがかなり高いけれど、みんな大好きじゃないですか。

し　油揚げの甘煮は、煮るのは少しハードルが高いけれど、市販品もあるので、包まないレシピで気軽になんちゃっておいなりさんを楽しんでみて。

第4章

簡単に作ってのっける

ちょっと焼いたり炒めたり。
ほんの少しの手間で、さらに
バラエティに富んだのっけが楽しめます。

元気を
出したい日の
朝ごはんに

白央流ベーコンエッグ丼

新たな
おいしさ
発見

材料（1人分）

卵 …1 個
薄切りベーコン …40g 程度
長ねぎ …20g
植物油 …小さじ 1/2
醤油 …少々
ごま油 …2 〜 3 滴
ごはん …1 膳分

作り方

1 長ねぎは 1㎝幅ぐらいに切る。ベーコンは半分に切る。

2 フライパンに油をひき、弱めの中火にかけてベーコンを焼く。

3 ベーコンの片面がカリッと焼けたら返し、卵を割り入れ、ねぎも入れる。

4 好みの状態に卵が焼けたら、器にごはんを盛って3をのっける。醤油、ごま油をかける。

今日の当番

・ベーコンの脂と風味をねぎに移して、醤油ちょい、ごま油数滴を香りづけにしていただくのがたまりません。
・ねぎは斜め切りでも OK。黒こしょうのトッピングもよく合います。ベーコンの量はお好みで。

SHIROGOHAN ENDLESS
白ごはんエンドレス

大葉ソーセージのっけ丼

材料（1人分）

卵 …1個
ソーセージ …3本
大葉 …3枚
オリーブオイル
　…大さじ 1/2
玄米ごはん …適量
塩こしょう…少々

作り方

1 ソーセージを大葉で巻く。
フライパンにオリーブオイルを入れて中火で熱し、
大葉の巻き終わりを下にして焼く。
空いたスペースに卵を割り入れ、
塩こしょうをふる。30 秒ほどしたら、
ソーセージを転がしながら 2 分ほど焼く。
2 器に玄米ごはんを盛り、1をのっける。

今日の当番

・今回は玄米にのっけていただきました。玄米の香ばしさと相性よしです。
・ちなみに、ゆでたソーセージを海苔で巻いて食べてもおいしいです。

大葉の香りを
纏った
ソーセージが
美味

カリカリの
目玉焼きを
アレンジ！

目玉焼きパクチー醤油のっけごはん

クセになる味

材料（1人分）

香菜（パクチー）の茎 …適量
醤油 …適量
卵 …1個
オリーブオイル …大さじ1～2
ごはん …適量

作り方

1 香菜の茎を細かく切って入れた保存容器に、醤油をひたひたに入れ、冷蔵庫で1時間～一晩置く。

2 フライパンにオリーブオイルを入れて強火で熱し、目玉焼きを焼く。
白身の縁がカリッとなったら取り出して器に盛ったごはんにのっけて、1のパクチー醤油をかける。

今日の当番

・バイト先のカフェのまかないで知ったパクチー醤油。
香菜の余った茎を有効活用できる、香菜好きにはたまらん調味料です。
・漬けてから、3～4日くらいで食べきるのがおすすめ。
お好みで赤唐辛子やにんにくなどを入れても。

ふわふわ卵焼きに
しらすの旨みが
広がる

とろ玉しらすのっけごはん

材料（1人分）

卵 …1個
しらす …大さじ3程度
油（好みのもの）、醤油
…各適量
ごはん …適量
長ねぎ（小口切り）
…お好みで

作り方

1 卵をざっくり溶いておき、フライパンに油をひく。
2 フライパンを熱して、溶き卵を入れる。
グズッと固まったぐらいで一度全体を
菜箸でかきまわし、火を止める。
3 器にごはんを盛り、2、しらすをのっける。
お好みで長ねぎを散らし、醤油をかける。

いつでも
食べたい

今日の当番

・卵を焼く油、私はごま油で作るのが好きですが、
サラダ油でもオリーブオイルでもおいしいですよ。
・さっぱりしたしらすの旨みと卵のコクが好相性。朝食だと贅沢な
一日の始まりに。ランチにも軽く済ませたい夜にも向いています。

夏バテ対策にも！
トマトで味が
まろやかに

豚トマキムチ丼

元気が出るレシピ

材料（1人分）

豚バラ薄切り肉 …50g
白菜キムチ …50g
トマト …1/2 個
玉ねぎ …1/4 個
にら …1 本
ごま油 …小さじ 2
オイスターソース …小さじ 1/2
ごはん …適量

作り方

1 豚肉は 2㎝幅に切る。
キムチ、トマトはざく切りにする。
玉ねぎは 1㎝幅に切る。
にらは 4㎝の長さに切る。
2 フライパンにごま油を入れて、中火で熱し、
豚肉を炒める。豚肉の色が変わったら、
他の具材を加えてさらに 2 分ほど炒め、
水大さじ 3（分量外）、オイスターソースを入れて
全体になじませる。
3 2を器に盛ったごはんにのっける。

今日の当番

・「同じ色は相性がいい」シリーズ。我が家の夏の豚キムチには、
ほぼ 100%トマトが入ります。
・豚肉は脂がある豚バラ肉がおいしいです。鶏肉を使うなら
断然モモ肉。多少加熱しすぎても固くならずおいしくいただけます。

文藝春秋の新刊

9

2024

「my pencil」 ©大高郁子

●選考委員の米澤穂信さんが「圧倒的」と激賞！　第31回松本清張賞受賞作

イッツ・ダ・ボム

井上先斗

グラフィティは「俺はここにいるぞ」という叫びだ――。米澤穂信さんが「ささやかで切実な犯罪小説」と評したソリッドなデビュー作！

◆9月10日
1650円
391893-8

●ある時、コードが仏陀を名乗った。驚異の物語

コード・ブッダ
機械仏教史縁起

円城塔

コピーと廃棄を繰り返される存在として虐げられてきた人工知能たちは、機械仏教の教えにすがった。はたして、機械は救済されるのか？

◆9月11日
2200円
391894-5

●「これならできそう」、のっけるだけで簡単おいしい！

のっけて食べる

しらいのりこ　白央篤司

肉に魚、野菜もたっぷり。ただのっける～ちゃんと作ってのっけるまで、のっけるだけで手軽で楽しく新しい、おいしさ満載98レシピ

◆9月11日
1540円
391851-8

●スワローズのレジェンドとスワローズを愛する音楽家／作家の対話

青木宣親と尾崎世界観が言葉で

◆発売日、定価は変更になる場合があります。
表示した価格は定価です。消費税は含まれています。

原作・渡辺進　漫画・横山ひろと

●詐欺師VS.女子高生。ケモ耳異世界で最先端マーケティング対決!!

詐欺師的異世界生活 2

～詐欺の技術で世界一の商人を目指します～

原作・叶ルル　漫画・犬飼ビーノ

元詐欺師の主人公は転生先でボロ商店の経営コンサルに転身。黒字化成功も、次なる敵は…「国」!? 異世界マーケティング対決開幕！

コミック
◆9月20日
880円
090184-1

●混ぜたら美味しい、猫とグルメとラヴ

にゃーの恩返し 2

～2人と1匹のウチごはん～

山崎紗也夏

彼氏と彼女と猫の美味しい日常。『シマシマ』『サイレーン』の山崎紗也夏さん初のグルメ漫画は飼い猫のミケが料理当番なんです

コミック
◆9月19日
803円
090185-8

●犯罪・恋愛・イケメン警察官…。超令和的インターネット・サスペンス！

死ぬまでバズってろ!!

ふせでぃ

主人公が撮影した飲酒運転事故動画は一夜にして圧倒的バズに。偶然見つけたネット上の金脈を活かして底辺女子から這い上がれるのか？

コミック
◆9月25日
792円
090186-5

シリーズ第10弾。今、明かされる「ガリレオの真実」

透明な螺旋

東野圭吾

880円
792268-9

『精霊の守り人』『獣の奏者』『鹿の王』…世界中で愛される著者の最新作！

「和菓子のアン」の著者による胸に光がともる物語

ショートケーキ。

坂木司

704円
792272-6

地本問屋に絵草紙を売り込んだ女の謎

絵草紙

新・秋山久蔵御用控（二十）

藤井邦夫

847円
792273-3

暗躍する国際テロ犯に警察庁特別チームが立ち向かう

アキレウスの背中

1045円
792275-7

見た目は
地味でも
ひと口で
心を鷲づかみ

豚バラ大根の甘辛煮のっけごはん

SHIROGOHAN 白ごはんエンドレス ENDLESS

材料（1人分）

豚バラ薄切り肉 …2～3枚（75g）
大根 …4cm（200g）
生姜（千切り）…1片
赤唐辛子（小口切り）…小さじ1/2
A 醤油 …大さじ1と1/2
　みりん、酒 …各大さじ1
　砂糖 …小さじ2
ごはん …適量

作り方

1 豚肉は2cm幅に切る。
大根は5mm幅の細切りにする。
2 フライパンに豚肉を入れて、強めの中火で箸でほぐしながら1分ほど炒める。
豚肉から脂が出てきたら、生姜、赤唐辛子、大根を入れる。Aを入れ、大根がしんなりするまで炒める。
3 2を器に盛ったごはんにのっける。

今日の当番

・大好きな豚バラ肉と大根の煮物は大根に味がしみるまで時間がかかります。そこで大根を細切りにしてきんぴらのように炒めたら、あっという間にできて、ごはんもすすむすすむ！
・豚バラの脂がおいしさの秘密です。他の部位の代用は禁止で！

家にある
食材で
ごちそう丼

海苔玉おかか丼

ホッとする味わい

材料（1人分）

卵 …1個
かつおぶし …1.5g
（小分け1パック程度）
海苔 …全形1/4枚程度
ごはん …1膳分
植物油 …小さじ1
醤油、小ねぎ（小口切り）
…各少々

作り方

1 かつおぶしを容器に入れて
醤油と合わせて混ぜておく。
2 フライパンに油をひいて中火にかけ、
卵を割り入れて炒り卵を作る。
3 器にごはんを盛り、
ちぎった海苔、2、1の順にのっけて、
小ねぎを散らす。

今日の当番

・おかかを醤油で和えておくひと手間は外さないで。
醤油後がけとは味の感じが違います。
・地味ながら根強くリピートしてくださる方が多いレシピです。

ナンプラー
×カレー粉が
食欲そそる！

新たな
おいしさ
発見

カニカマといんげんの エスニック卵のっけごはん

材料（1人分）

卵…1個
ナンプラー …小さじ 1/2
カレー粉 …少々
いんげん … 3 本
カニ風味カマボコ … 2 本
ホールコーン …大さじ 1
オリーブオイル …大さじ 1
ごはん…適量

作り方

1 溶いた卵にほぐしたカニ風味カマボコ、ナンプラー、カレー粉を加えてよく混ぜる。

2 フライパンにオリーブオイルを熱し、斜め薄切りにしたいんげんとコーンを炒める。いんげんに焼き色がついたら卵液を流し入れ、ゴムべらで大きくかき混ぜる。半熟で取り出し、器に盛ったごはんにのっける。

今日の当番

・料理研究家エダジュンさんから教えてもらった
ナンプラー×カレー粉の味つけ、すごくおいしいです。
・カニ風味カマボコはいい出汁が出ます。冷蔵庫にあると便利な食材です。
・かまぼこやちくわでもおいしいですよ。練り物万歳！

食欲を
刺激しまくる
おいしさ！

クセになる味

豚にら納豆炒めごはん

材料（1人分）

豚ひき肉 …50g
にら …2 本
ひきわり納豆 …1 パック
酒…小さじ 2
オイスターソース、醤油 …各小さじ 1/2
植物油 …小さじ 1/3 程度
ごはん …1 膳分

作り方

1 にらは 7～8㎜幅に切り、
納豆はざっくり混ぜておく。
2 フライパンに油をひいて中火に
かけ、豚ひき肉と酒を入れて炒める。
3 全体に火がとおったら、
にらと納豆、醤油、オイスターソース
を加えて炒める。
4 すべてがよく混ざり合ったら、
器にごはんを盛って、のっける。

今日の当番

・納豆を炒めたら、食欲を刺激しまくるおいしさが誕生。
にらと豚肉、個性の強いもの同士でスクラムを組んでもらいました。

サバ缶冷や汁薬味のっけ

材料（1人分）

サバ水煮缶 …1/2 缶（90g）
味噌 …大さじ 1
成分無調整豆乳 …50mℓ
木綿豆腐 …1/4 丁
きゅうり …1/2 本
みょうが …1 個
大葉 …1 枚
かいわれ大根 …適量
白すりごま …大さじ1/2
ごはん …適量

作り方

1 ごはんはざるに入れ、水でサッと洗い、水気を切って器に盛る。

2 きゅうりとみょうがは薄切りにし、1にのせる。豆腐も手でちぎってのせる。

3 ボウルにサバ缶を缶汁ごと入れ、水 50cc（分量外）、豆乳、味噌を加えてよく混ぜ、2にかける。ちぎった大葉とかいわれ大根をのっけて、白すりごまをふる。

今日の当番

・サバ缶を使った簡単冷や汁は、暑くなってきて食欲のないときでもスルスルといただけます。
・お味噌汁に豆乳を入れるとおいしいと知ってから、我が家の冷や汁には時々豆乳が入ります。薬味をたっぷりのっけてどうぞ。

食欲がない日にも
サバ缶でサクッと簡単「冷や汁」

冬のお楽しみ
“ねぎ味噌”
を使って

ごはん
麺
パン
肉
魚介
野菜
卵
大豆系

ねぎ味噌柚子マグロ和え のっけ丼

SHIROGOHAN 白ごはんエンドレス ENDLESS

材料（1人分）

マグロの刺身 …8切れくらい（約80g）
味噌 …大さじ 1/2
長ねぎ（みじん切り）…3㎝（20g）
柚子の皮（あれば）…少々
ごはん …適量

作り方

1 味噌に長ねぎを混ぜ、マグロの刺身を和える。
2 器にごはんを盛り、1をのっけて柚子の皮をおろして散らす。

今日の当番

・今日はのっけましたが、たたくとなめろうになります。
・このねぎ味噌は出汁でのばすと簡易お味噌汁としても使えます。たくさん作って瓶詰め保存しておくと便利です。長ねぎはビックリするくらい入れても、混ぜてるうちに味噌となじみます。

たたいて
キムチと
混ぜたら
最高丼に！
旬
の楽しみ

カツオとキムチのナムル丼

材料（1人分）

カツオ（サク）…100g
コチュジャン …大さじ 1/2
ごま油 …小さじ 2
おろしにんにく …少々
白菜キムチ …30g
きゅうり …1/2 本
塩 …適量
韓国海苔、黒いりごま …各適量
もち麦ごはん …適量

作り方

1 カツオはたたいてボウルに入れ、コチュジャン、ごま油、にんにくを混ぜて、5 分ほど置いて味をなじませたのち、キムチを入れて混ぜる。
2 きゅうりは細切りにして塩でもんで 5 分ほど置き、出てきた水気をしぼる。
3 器に盛ったごはんに2、1の順にのっけて、韓国海苔、黒いりごまをかける。

今日の当番

・カツオのおいしい季節は春と秋の年2回。春はあっさり、秋は濃厚な味わいをそれぞれ楽しんで。
・ごはんにもち麦を入れました。韓国料理の時はもち麦ごはんにするようにしてます。

アジの
新しい可能性
を発見！

アジのコチュジャンづけ丼

材料（1人分）

アジの刺身 …100g 程度
醤油 …大さじ 2/3
みりん …大さじ 1/2
酒 …大さじ 1/2
コチュジャン …小さじ 2/3
ごま油 …小さじ 1/2
白いりごま …好きなだけ
ごはん …適量

作り方

1 ボウルなどに醤油、みりん、酒、コチュジャン、ごま油、白いりごまを入れてよく混ぜる。
2 アジを入れて軽く和えたらラップをし、冷蔵庫で 20 分ほど置く。
3 器にごはんを盛り、2をのっける。

お刺身変身レシピ

今日の当番

・ごま油とごまで風味と食感をプラスします。白ごまは指の腹でこすり合わせるようにして入れると、ごまの風味が立ちます。
・辛いのが好きな方はコチュジャンを大さじ 1/2 ぐらい入れても。
・仕上げに、海苔や卵黄を加えるのもおすすめ。

さつまいもとちりめんじゃこ のっけごはん

材料（1人分）

さつまいも …30g
ちりめんじゃこ …大さじ1
黒いりごま …適量
ごはん …1膳分

作り方

1 さつまいもはラップでくるみ、500Wのレンジに3分かける。
2 さつまいもの粗熱が取れたら、角切りにする。
3 器にごはんを盛り、2、ちりめんじゃこをのっけて、黒いりごまをふる。

おかわり必至

今日の当番

・さつまいもの甘味、じゃこの塩気、黒ごまの香り。
この3つがいい相性で、ごはんがすすむ面白い組み合わせなんです。
これ、白ごまじゃダメなんですよ。

LOCAL TASTE
郷土系レシピ

にら玉蕎麦

材料（1人分）
にら …4～5本
海苔 …全形1/2枚
卵黄 …1個
蕎麦 …1玉
めんつゆ（3倍濃縮）
…大さじ2と1/2

作り方
1 にらは熱湯に放ち、5秒数えてざるに上げ、粗熱が取れたら軽くしぼり、7㎝の長さに切る。
2 蕎麦を表示のとおりにゆでて、水気をよく切る。
3 器に蕎麦を盛り、ちぎった海苔、にら、卵黄の順にのっけて、めんつゆをかける。

今日の当番

・栃木県ではゆでたにらをのっけた蕎麦が名物と聞きます。やってみたら、確かに合う。私はここに、海苔と卵黄を加えたくなりました。全体をよーく混ぜてお召しあがりください。
・ごまをふったり、ラー油をかけたりしてもおいしい。

混ぜて食べる
栃木県の
名物蕎麦

クセになる！
めんつゆ
×オリーブオイル

驚きの
組み合わせ

たらこトマトうどん

材料（1人分）

うどん …1玉
たらこ …35g（切子）
トマト …60～70g
レモン …1カット
めんつゆ（3倍濃縮）…大さじ1
オリーブオイル …小さじ1
チャービル …お好みで

作り方

1 たらこは中身をほぐし、トマトは粗く刻む。
2 うどんをゆでよく水気を切って
器に盛り、トマト、たらこの順にのっけて
レモンを添え、めんつゆとオリーブオイルを
かける。
お好みでチャービルをのっける。

今日の当番

・「切子」のたらこは、製造過程で形が崩れたものをまとめてお得に売っているもので値段も手頃。スーパーで見かけたら試してみて。
・レモンは途中の味変でしぼるのもいいです。添えたチャービルは、たらこなどの魚卵にも合うし、トマトとも相性よし。

個性派食材が
合わさって
ナイスな味に

コンビーフ納豆チーズトースト

材料（1人分）

コンビーフ …30g
納豆 …１パック
モッツァレラチーズ（シュレッドタイプ）
…適量
辛子マヨネーズ …適量
好みのパン …１枚
小ねぎ（小口切り）、こしょう
…お好みで

作り方

1 コンビーフはほぐしておき、納豆は混ぜておく。

2 パンに辛子マヨネーズをぬり、納豆、チーズ、コンビーフの順にのっけて、オーブントースターに4～5分かける。お好みで小ねぎを散らし、こしょうをふる。

新たな
おいしさ
発見

今日の当番

・納豆とチーズでトースト、意外な相性のよさ！
パセリもいいけど、小ねぎが妙に合いました。納豆の和力《わぢから》を思います。

卵×コーンの
黄色ペアの
相性が抜群

コーン卵のっけパン

材料（1人分）

好みのパン …適量
ゆで卵 …1個
ホールコーン …適量
マヨネーズ…適量
塩こしょう …少々

作り方

1 ボウルにゆで卵を入れてフォークで崩す。
コーンを加えて、マヨネーズで和え、
塩こしょうで味を調える。

2 1をパンにのっける。

ホッとする味わい

今日の当番

・「同じ色同士は相性がいい」法則で、ゆで卵とマヨネーズに、ほの甘いコーンが入ると味にコントラストができてすごくおいしい。
・このの っけパンのときは必ず甘めのミルクティーをおともに。私にも乙女感、まだ少し残ってます。

のっけ TALK TIME 4

隙あらば野菜、隙あらばタンパク質

しらい やっぱり目玉焼きって最高だよね。

白央 目玉焼きは、食欲をそそるよね。卵でいうと、**「海苔玉おかか丼（P56）」**は自分の中でヒット作。海苔と炒り卵と醤油、おかか…家にあるものだけで作れてすごくおいしい。料理はなるたけラクがいい派に特におすすめ。炒り卵だけでも、おかかだけでも寂しい。だけど3つ重なると、とてもおいしくなるんだよね。

し **「豚にら納豆炒めごはん（P58）」**も栄養バランスがいいのっけごはんだね。

白 納豆ごはんって手軽でよくやるんだけど、野菜も摂らないとなあって思いがちで。「隙あらば野菜を摂らねば」と最近は強迫観念みたいになってる（笑）。だから納豆に野菜とタンパク質も加えたいな、と思ってできたレシピです。作り置きもできるよ、これ。あと卵を焼いてオムレツの具にするのもおすすめ。いいつまみになります、って健康を考えてたのに結局おつまみに着地する私、ダメだねえ（笑）。

し そうなのよ。しょうがないのよね。「隙あらば野菜、隙あらばタンパク質」ってやっぱり中年だよね。

白 **「たらこトマトうどん（P65）」**は、たらこで酸味のあるキウイを和えて日本酒のつまみにするのにハマってたとき思いついたレシピ。トマトともよく合いました。これ、手間でなければカッペリーニに和えてもうまいんだ。そうそう、のりちゃんが推奨してる「同じ色同士の食材は相性がいい」説、**「コーン卵のっけパン（P67）」**でも証明されているね！

し これ、すごい好きなの、子供の頃から。卵サンドのフィリングにコーンを加えて、黄色×黄色で見た目も華やかで。

白 「同じ色」しばりで、レシピ本も作れそう！

第5章

定番おかずのっけ

いつもの定番メニューも、食材や調味料など
ちょっとしたアレンジだけで
フレッシュなのっけ飯に変身します。

市販品の
トンカツで
簡単のっけ

普通のカツ丼

元気が出るレシピ

材料（1人分）

トンカツ（揚げても市販品でも）
…1枚
卵 …1個
玉ねぎ …1/4 個
めんつゆ（3 倍濃縮）…大さじ 1
青海苔 …あれば嬉しい
ごはん …適量

作り方

1 玉ねぎは薄切りにし、トンカツは切り分ける。卵は溶いておく。

2 小鍋にめんつゆ、水大さじ4（分量外）を入れて中火で熱し、沸騰したら玉ねぎを入れる。

3 玉ねぎがしんなりしたらトンカツを入れ、再度沸騰したら溶き卵を流し入れ、フタをして火を止め、そのまま蒸らす。

4 器に盛ったごはんにのっけて、青海苔をふる。

今日の当番

・子供の頃、カツ丼といえばこの卵とじスタイルでした。久しぶりに、揚げたてのトンカツをそのままいただくのをグッとがまんして卵でとじてみたら、おいしかった…。たまにはいいですね。
・揚げる場合はロース肉で、海苔は青海苔がおすすめ。

簡単で
栄養も満足度
もバッチリ

とろたま親子のっけ丼

ホッとする味わい

材料（1人分）

鶏モモ肉 …100g
玉ねぎ …1/4 個
卵 …2 個
三つ葉 …適量
めんつゆ（3 倍濃縮）
　…大さじ 1
水 …50mℓ
塩 …少々
酒 …小さじ1
ごはん …好きなだけ

作り方

1 鶏肉はひと口大に切り分け、塩、酒をもみこむ。玉ねぎは薄切りにする。
2 三つ葉はざく切りにする。卵は溶いておく。
3 鍋にめんつゆと水を入れて強めの中火で熱し、煮立ったら1を入れてフタをする。3 分煮たら、卵の半量を中心から流し入れてひと混ぜする。半熟状に火がとおったら、残りを再度中央から流し入れ、三つ葉を散らしフタをして 1 分蒸らす。
4 器に盛ったごはんに3をのっける。

今日の当番

・味つけはめんつゆで迷いなし。出汁が多すぎるとつゆだくになっちゃってイマイチなので、きちんと量って作るが吉。
・ポイントは卵の入れ方。半量ずつ 2 回に分けて入れます。最初の卵がしっかり固まった、表面はとろ〜りとした親子丼に仕上げて。

黒こしょう
とパセリで
大人の味

クセになる味

大人の鶏そぼろ丼

材料（1人分）

鶏ひき肉（むね肉）…120g
ごはん …1膳分
パセリ（みじん切り）…大さじ1
卵黄 …1個
植物油 …小さじ1/2
酒、みりん …各大さじ2/3
醤油 …大さじ1
塩 …少々
黒こしょう …適量

作り方

1 フライパンに油をひいて中火にかけ、鶏ひき肉を炒める。

2 全体がほどよくほぐれたら、酒、みりん、醤油を加えてさらに炒める。

3 水分が半量ぐらいまで飛んだら、火を止めて塩少々、黒こしょうをふって全体を混ぜる。

4 器にごはんを盛り、3と卵黄をのっけて、パセリをふる。

今日の当番

- 今回はさっぱりと鶏むね肉を使いましたが、お好みでモモ肉でも。
- 余った卵白は、味噌汁などの汁ものに使って。冷凍保存も可。

SHIROGOHAN 白ごはんエンドレス ENDLESS

薄切り肉のトマト酢豚丼

材料（1人分）

豚こま切れ肉 …100g
塩…少々
片栗粉 …大さじ 1/2
玉ねぎ …1/4 個
ピーマン …1 個
トマト …1/2 個
米油 …大さじ 1/2
ごま油 …小さじ 1
A［ 黒酢（または酢）、砂糖、醤油 …各大さじ 1
ごはん …適量

作り方

1 トマトはひと口大に切る。豚肉は塩でもみ、片栗粉をまぶす。玉ねぎはくし切り、ピーマンは種を取って薄切りにする。A は合わせておく。

2 フライパンに米油を入れて中火で温め、豚肉を入れ、表面がカリッとするまで2分ほど焼く。玉ねぎとピーマンを加えてさらに 1 分ほど炒める。

3 A とトマトを加え、汁気がなくなるまで炒め、ごま油をまわしかけて火を止める。器に盛ったごはんにのっける。

今日の当番

・ゴロッとした豚肉で作る本格的な酢豚もおいしいですが、ごはんにのっけるなら薄切り肉で作るのがおすすめです。

豚こま切れ肉で
作る、
お手軽酢豚

キャベツたっぷり ポークジンジャー丼

いつでも食べたい

材料（1人分）

キャベツ …100g
豚バラ薄切り肉 …100g
ごはん …1膳分
植物油 …小さじ1
小麦粉 …少々
A ［ おろし生姜 …小さじ1と1/3
酒 …大さじ1
みりん …大さじ1
醤油 …大さじ1と1/3

作り方

1 キャベツはひと口大に切る。
豚肉はひと口大に切って小麦粉を薄く全体にまぶす。
容器にAを入れてよく混ぜておく。

2 フライパンに油をひいて中火にかけ、豚肉を炒める。
全体に火がとおったらキャベツを加えてフタをして1分置く。
3 フタを取って火を強め、Aを加えて全体によく絡めるように炒める。
4 水分があらかた飛んだら、器に盛ったごはんにのっける。

今日の当番

・キャベツをたっぷり入れた豚の生姜焼きですよ。肉は調味液とかに漬けなくてOK！
・肉に小麦粉をはたくと食感がよくなり、炒めたとき全体に軽いとろみがついて、ごはんとのまとまりもよくなります。

しっかり
野菜が摂れる
丼レシピ

優しいビーフストロガノフのっけライス

OMOTENASHI
おもてなしにも
OMOTENASHI

材料（2〜3人分）

牛こま切れ肉 …150g
塩 …小さじ 1/2
薄力粉 …大さじ 2
マッシュルーム …5 個（50g 程度）
玉ねぎ …1/2 個
にんにく（みじん切り）…1/2 片
バター …10g
赤ワイン …大さじ 1
トマト水煮（ダイス）…100g
白味噌（または味噌）…大さじ 1
無調整豆乳 …100㎖
ローリエ …1 枚
塩こしょう …少々
乾燥パセリ …適量
ごはん …適量

作り方

1 牛肉は塩でもみ、薄力粉をまぶす。
マッシュルームと玉ねぎは薄切りにする。
2 フライパンにバター、にんにくを入れて中火で熱し、
牛肉を入れて炒める。玉ねぎ、マッシュルームを加えて
炒め、赤ワインをふりかけ、ローリエとトマト水煮、
水 200㎖（分量外）を加える。
3 煮立ったら豆乳を加え、味噌を溶き混ぜ、
塩こしょうで味を調える。
4 温かいごはんにバター 5g（分量外）、
乾燥パセリを混ぜ、器に盛って3をのっける。

今日の当番

・トマトと味噌、合うんです。
今回は白味噌を使ってまろやかな
仕上がりに。もちろん合わせ味噌でも
大丈夫。合わせ味噌を使うと味わいが
キリッとした感じになります。
・ビーフストロガノフは自作すると脂分を
コントロールできるのがいいですよね。

白味噌×豆乳で
優しい味わいの
人気レシピ

のっけ TALK TIME ⑤

余りがちな食材の使い切り方

しらい　5章は定番おかずをのっけにしたアレンジですね。**「普通のカツ丼（P70）」**、家でカツを揚げてもカツが残ることはなかなかないから、実は家で普通のカツ丼を食べることはあんまりないなと思って、このレシピを出しました。お家の普通のカツ丼もおいしいよね。

白央　カツ丼、私は玉ねぎでなく長ねぎでやるのも好きだな。

し　ところで**「大人の鶏そぼろ丼（P72）」**はどのあたりが大人なの？

白　パセリのみじん切りを散らしているところですね。余りがちなパセリはこういうレシピで活用してほしい。**「豚トマキムチ丼（P54）」**もそうだったけど**「薄切り肉のトマト酢豚丼（P73）」**も酢豚にトマトを入れることで爽やかになっていて、食べやすくなってる。のりちゃんの得意技！

し　**「キャベツたっぷりポークジンジャー丼（P74）」**はキャベツがなんかいいね。芯のあたりの残った最後のキャベツがかわいく使われていて。

白　そうそう、見せ方がいいでしょ。この**「優しいビーフストロガノフのっけライス（P76）」**の優しさは、白味噌と豆乳なのかな。

し　そうなんです。でもこのレシピは材料と手間が多くてあんまり優しくないけどね（笑）。

白　それから、ローリエがポイントかな？

し　なくても作れるけど、あった方がいい。オリーブオイルにローリエを入れて香りを出してから鶏肉や野菜を炒めると、味が少し複雑になって、とてもおいしい。ローリエは煮込みの印象が強いんだけど、実は炒め物にもよくて、気軽に使って欲しい香辛料だね。

白　使い切れなくて、賞味期限が近くなってきた時にもその使い方は手軽でいいね。

し　おすすめです！

第6章

ちゃんと作ってのっける

2人の大好物を使ったり、
地元の味を再現したり…
野菜もタンパク質もたっぷり摂れる、
晩ごはんにしたいリッチなのっけ飯。

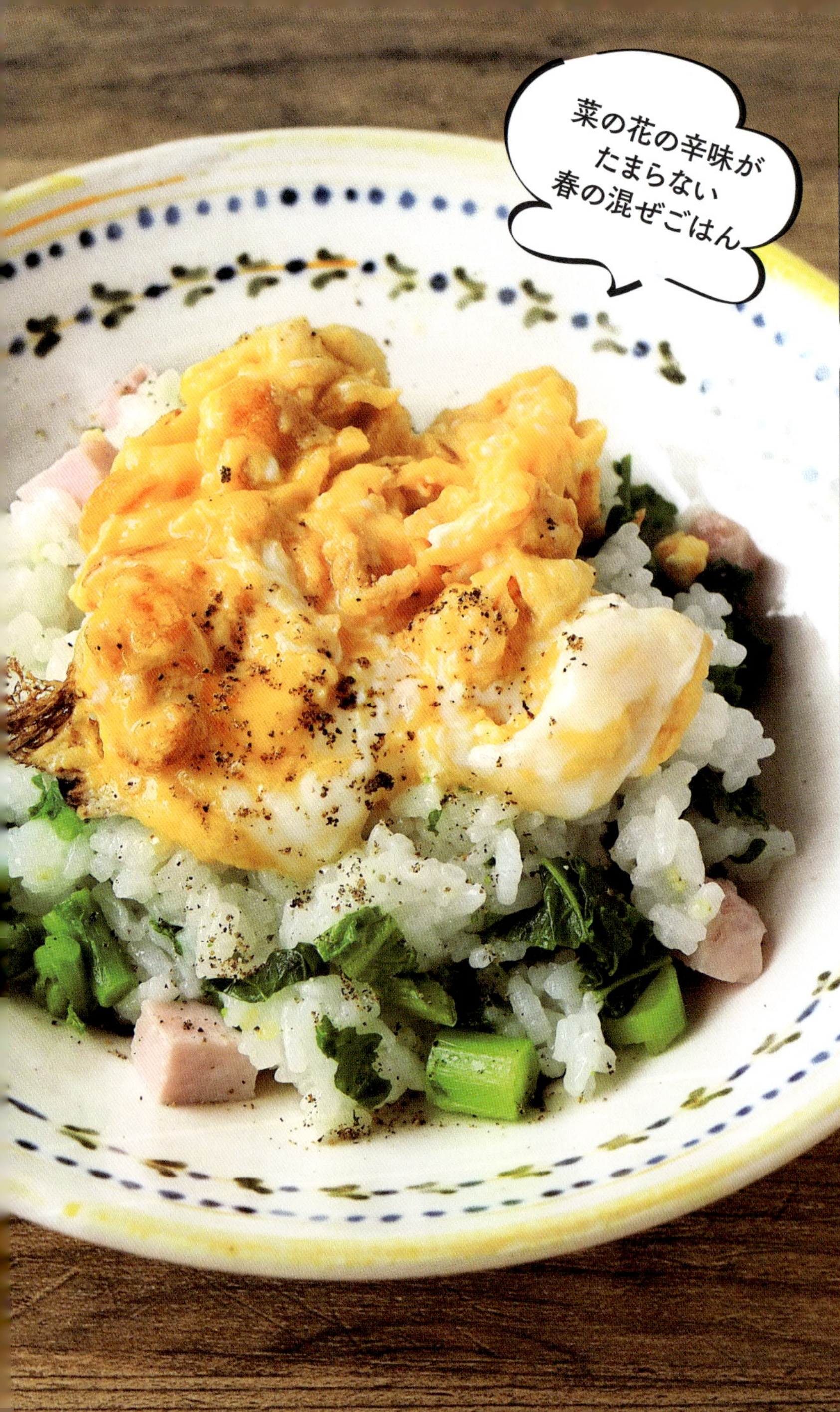
菜の花の辛味が
たまらない
春の混ぜごはん

菜の花とハムの混ぜごはん 卵の帽子のっけ

旬の楽しみ

材料（1人分）

ごはん …1膳分
菜の花 …1/4 束
ロースハム（塊）…50g 程度
卵 …1個
塩、こしょう…適宜
オリーブオイル …小さじ1

作り方

1 菜の花をゆでて冷水に取り、しぼったら、1cm幅に切る。ロースハムは1cm角に切る。
2 卵は溶いておく。
3 ごはんに1を入れてさっと混ぜ、オリーブオイル、塩で味を調え、器に盛る。
4 フライパンにオリーブオイル（分量外）を入れて強めの中火で熱し、溶き卵を入れてさっくりと混ぜ、お好みの固さになったら3にのっける。こしょうをたっぷりかける。

arrange recipe

菜の花のゆで汁スープ

菜の花はすごくいい出汁が出ます。ゆで汁を取っておいて、ワカメ、しめじなども入れてスープにしても。

今日の当番

・菜の花のほんのりとした辛味と、ハムの塩気でごはんの甘味がぐっと引き立つ混ぜごはん。ほんのり温かい状態でいただくのがおいしいです。

春菊ビーフライス

ほろ苦い春菊がたまらない！

材料（1人分）

春菊 …50g
牛こま切れ肉 …100g
にんにく（粗みじん切り）…3g
ナンプラー …小さじ1
植物油 …小さじ2
ごはん …適量
A［ オイスターソース …小さじ1
　 酒 …大さじ1
　 醤油 …小さじ 1/2

作り方

1 牛肉は食べやすい大きさに切り、
ナンプラーをまわしかけ、全体を軽く和える。
春菊は3㎝幅に切る。
2 フライパンに油をひいて中火にかけ、にんにくを入れる。
香りが立ったら牛肉を入れてほぐしつつ、軽く炒める。
3 春菊、Aを加えて全体を炒め、春菊がしんなり
したら火を止める。
4 器にごはんを盛り、3をのっける。

クセになる味

・春菊は鍋やおひたしだけじゃなくて、
ナンプラーと相性もいいし、いろいろと
使えるヤツです。
・牛肉との組み合わせがイチオシですが、
豚や鶏肉でもかまいません。
シンプルに材料は2種にしましたが、
きのこやパプリカなどを加えても
おいしいです。

野菜も摂れる
ヘルシー牛丼！

クセになる味

セリたっぷり牛丼

材料（1人分）

牛切り落とし肉 …100g
セリ …40g 程度
植物油 …小さじ 1/2
ごはん …適量
A
酒 …大さじ2
みりん …大さじ1
砂糖 …小さじ2
醤油 …大さじ1と 1/2

作り方

1 牛肉は食べやすい大きさに切る。
セリはざっと洗って水気を切り、
5〜6㎝幅に切っておく。
2 フライパンに油をひいて中火にかけ、
牛肉を炒める。
3 牛肉の赤みが少々残るぐらいで A を入れて、
ひと煮立ちしたらセリも加える。しんなりするまで
肉と絡めるように炒めて、器に盛ったごはんに
のっける。

今日の当番

・寒い時期においしくなる野菜のひとつがセリ。
甘めの味つけや脂のある食材とよく合いますよ。セリはすぐに火が
通るので、炒めるというより、からめ和える感覚でやってください。
・セリ40gは多いのでは？と思うかもですが、火を入れるとかさが
どっと減りますので安心して。

野菜も摂れる
ヘルシーカレー！

小松菜たっぷりキーマカレー

材料（1人分）

小松菜 …2株
合いびき肉 …130g
ケチャップ …大さじ1
カレー粉 …小さじ1
おろし生姜 …小さじ1
植物油 …小さじ1
塩 …小さじ1/4
黒こしょう …少々
ごはん …1膳分

作り方

1 小松菜はざっと洗って根元のところを切り落とし、細かく切る。
2 フライパンに油をひいて中火にかけ、合いびき肉を入れてほぐしながら炒める。
3 ケチャップとおろし生姜を加えてよく混ぜ合わせ、1を加えて炒める。
4 小松菜が全体にしんなりしたらカレー粉と塩を加えてよく混ぜ合わせる。
5 器にごはんを盛り、4をのっけて黒こしょうをふる。

驚きの組み合わせ

今日の当番

・作り方1で、根元に近い部分は内側に土が残ってることも多いので、切り落としたらよく見てください。
・小松菜の量、多いと思われるかもですが、炒めるとカサが減るのでご心配なく。合いびきでなく、豚ミンチでもいいです。

新発見！
麻婆豆腐に
納豆を
入れるだけ

SHIROGOHAN
白ごはんエンドレス
ENDLESS

麻婆納豆のっけごはん

材料（2人分）

豚ひき肉 …100g
納豆 …1 パック
絹豆腐 …1 丁
小ねぎ …1/2 束
ごはん …適量

A
- 生姜、にんにく（みじん切り） …各 1 片
- 豆板醤 …小さじ 1/ 2

B
- 味噌、酒 …各大さじ 1
- 砂糖、醤油、鶏ガラスープの素 …各小さじ 1
- 水 …200mℓ
- 片栗粉 …小さじ 2

ごま油 …小さじ 2

作り方

1 豆腐はざるに上げて水気を切る。小ねぎは根元と葉と分けて、根本は薄切りに、葉は小口切りにする。B はあらかじめ混ぜておく。

2 フライパンにごま油をひいて中火で熱し、豚ひき肉を入れて、出てきた脂が透明になるまでほぐしながら炒める。

3 A と小ねぎの根元部分を入れてさらに炒め、香りがたったら B を加える。ひと煮立ちしたら豆腐をちぎり入れ、納豆を加え、とろみが出るまで 2〜3 分ほど煮る。器にごはんを盛り、小ねぎの葉の部分をのっける。

・いつもの麻婆豆腐に納豆を入れるだけで、納豆の独特な風味がパンチのある味つけと相乗効果を起こして、とてもいい感じになじみますよ。納豆が苦手な人でも多分大丈夫、私がそうだから。

今日の当番

冷やした
厚焼き卵
×熱々ごはん
が最高

出汁巻き卵の出汁浸しのっけごはん

材料（1人分）

［卵液］

A［卵 …2個
出汁 …小さじ1
砂糖 …小さじ1

［漬け汁］

B［出汁 …大さじ4
薄口醤油 …小さじ1

小ねぎ（小口切り）…大さじ1
米油（またはサラダ油）…適量
ごはん …適量

作り方

1 Bを合わせておく。
2 Aをボウルに入れて、よく混ぜる。
3 卵焼き用のフライパンに薄く油をひいて弱めの中火で熱し、Aの1/3量を流し入れ、奥から手前に巻く。それを3回繰り返した後、熱いうちにBに1時間〜半日程度漬ける。
4 器にごはんを盛り、切り分けた3をのっけて、小ねぎを散らす。

新たな
おいしさ
発見

今日の当番

・福岡で食べたおでん出汁に浸かった厚焼き卵がおいしすぎて、ごはんにのっけて食べたいと、家に帰ってすぐに実践！
・熱々もいいけれど、冷やしたものを炊きたてのごはんにのっける、“ひやあつスタイル”もおすすめです。

豆腐のっけ茶飯

材料（2人分）

木綿豆腐 …1丁
A［出汁 …300mℓ
　揚げ玉 …大さじ1
　醤油 …大さじ2
　酒、みりん …各大さじ1
　砂糖 …小さじ2
茶飯 …適量
たまり醤油（または濃口醤油）
　…小さじ1

作り方

1 豆腐は半分に切る。鍋にAを入れ、煮立ったら、豆腐を入れ、10分ほど煮て火を止め冷ます（できればそのまま半日置く）。
2 再度温め、たまり醤油をまわしかける。
3 器に茶飯を盛り、2をのっける。お好みで長ねぎの薄切りをのせて。

今日の当番

・日本橋のおでん屋「お多幸本店」の名物「とうめし」のアレンジ。私は出汁に揚げ玉を入れてコクを出してみました。
・茶飯はごはん1合にほうじ茶のティーバッグを1つ入れて炊きました。お豆腐は柔らかめの木綿豆腐がベストです。

名店の
再現
レシピ
どーんと
出汁で煮た
豆腐をオン

胃に優しく
ヘルシーな丼

食欲がない日にも

キャベツきつね丼

材料（1人分）

キャベツ …100g
油揚げ …1枚（35g程度）
カニ風味カマボコ …40g
ごはん …1膳分
植物油 …小さじ1/2
A 酒 …大さじ2
　みりん …大さじ1
　醤油 …大さじ1
　オイスターソース …小さじ1

作り方

1 キャベツは3～4cm角に切り、油揚げはひと口大に切る。カニ風味カマボコはざっくりほぐしておく。

2 フライパンに油をひいて弱めの中火にかけ、キャベツを入れてフタをし2分蒸し焼きにする。

3 油揚げ、カニ風味カマボコ、Aを加えて全体を1分ほど炒める。

4 器にごはんを盛り、3をのっける。

今日の当番

・満足感があるのに胃に軽い丼を作ろうと、油揚げをメインにして、カニ風味カマボコも加えてみました。
キャベツ100gは多いようでも加熱するとスルッといけます。

鮭のムニエルのっけアスパラごはん

材料（1人分）

生鮭切り身 …1 切れ
アスパラガス …2本（60g 程度）
にんにく（みじん切り）…3g
バター …10g 程度
オリーブオイル …小さじ 1
塩 …小さじ 1/5
こしょう、小麦粉 …各適量
ごはん …1 膳分

作り方

1 鮭は塩こしょう（分量外）して10分置き、全体に小麦粉を軽くつけておく。
アスパラガスは下部の皮の固いところをピーラーでむいて、7〜8㎜幅の輪切りにしておく。

2 フライパンにバターを入れて中火にかけ、鮭を皮目から 2 分焼き、裏返したら少し火を弱めてフタをして 2 分焼いて取り出し、アルミホイルでくるむ。

3 フライパンを一度洗ってよく拭き、オリーブオイルを入れて中火にかけ、アスパラガスを加えて軽く炒める。

4 ごはん、にんにく、塩、こしょうを加えて全体を混ぜつつ炒め、ごはんがパラッとしたら火を止める。

5 器に4を盛り、鮭をのっける。

今日の当番

・ムニエルのっけごはん、ちょっとハマりつつあります。
鮭をほぐしてごはんと絡めて食べるの、とてもおいしい。
・アスパラのほか、きのこを加えても◎。

クセのある
魚のおいしい
調理法

新たな
おいしさ
発見

ブリのスパイスカレーのっけ

材料（2人分）

ブリ切り身 …2切れ（180g）
玉ねぎ …1/2 個
青唐辛子 …1本
にんにく、生姜 …各1片
トマト水煮（ダイス）…100g
ヨーグルト（無糖）…50g
梅干し …1個
カレー粉 …大さじ1
塩 …小さじ1/2～1
砂糖 …小さじ1
米油 …大さじ2
ターメリックライス …適量

作り方

1 玉ねぎは薄切り、にんにく、生姜、青唐辛子は千切りにする。梅干しは種を外し、軽く叩く。ブリはひと口大に切る。

2 フライパンに油、にんにく、生姜、青唐辛子を入れて中火で熱し、香りが立ったら玉ねぎを入れる。3～4分炒めて玉ねぎがきつね色になったら、トマト水煮、ヨーグルトを入れ、カレー粉と塩、砂糖、梅干しを加える。

3 水 200mℓ（分量外）を加え、ひと煮立ちしたらブリを加えてフタをし、5分ほど煮たら火を止める。

4 器にターメリックライスを盛り、3をのっける。

・ターメリックライスはごはんを炊く時にバターとターメリックパウダー少々を入れて炊いて。入れすぎると苦くなります。

今日の当番

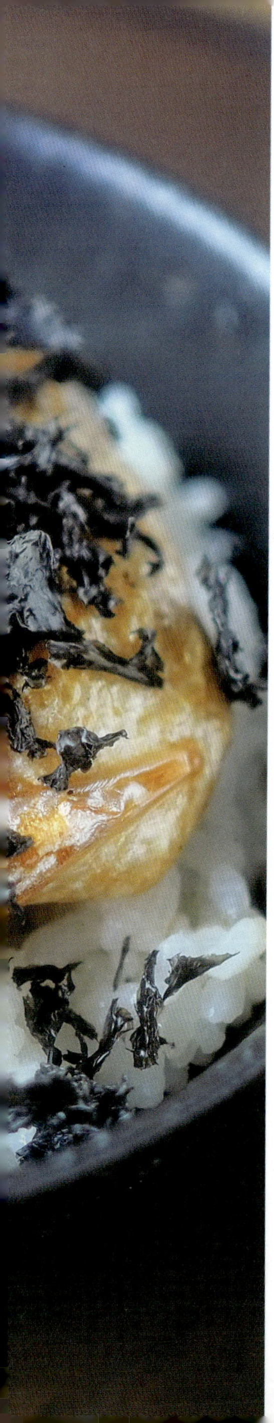

鮭の焼漬、イクラのっけ丼

材料（2人分）

生鮭切り身 …2 切れ
[漬けだれ]
　醤油 …大さじ 2
　酒、みりん、中ざら糖 …各大さじ 1
イクラ …好きなだけ
もみ海苔 …好きなだけ
ごはん …気が済むまで

作り方

1 鍋に漬けだれの材料を入れ中火で熱し、中ざら糖が溶けたら火を止め、そのまま冷ます。
2 鮭は食べやすいサイズに切り分け、グリルで焼く。熱いうちに1に入れ、1時間〜半日漬ける。
3 器にごはんを盛り2をのせ、イクラ、もみ海苔を好きなだけのっける。

SHIROGOHAN
白ごはんエンドレス
ENDLESS

今日の当番

・鮭の焼漬は私の故郷・新潟の郷土料理です。鮭はサーモン、銀鮭など脂が多いもので作ってみて。冷蔵庫で 1 週間ほどもつので、お弁当のおかずにもどうぞ。
・中ざら糖は砂糖でも可（でも中ざら糖の方が圧倒的においしい）。

実家の魚屋の
人気商品を
丼に！

イワシのかば焼き丼

材料（1人分）

イワシ（開いてあるもの）…2 尾
酢、片栗粉、植物油 …各適量
フンドーキン「あまくておいしい醤油」
（または、酒、みりん、醤油
1：1：1を煮詰めたもの）…適量
ごはん …適量
小ねぎ（小口切り）…お好みで

作り方

1 イワシはバットなどに入れて軽く浸るぐらいの
酢に漬け、冷蔵庫で最低でも 3〜4 時間置く。
2 イワシに片栗粉をつける。
3 フライパンに油を多めにひき、
中火で熱してイワシを両面カリッとするぐらい焼く。
4 3に「あまくておいしい醤油」をかける。
器にごはんを盛り、イワシをのっけて、お好みで
小ねぎを散らす。

今日の当番

・フライもいいけど、かば焼き派の私。
開いたイワシは酢に漬けておくと、
小骨が柔らかくなって食べやすいです。
酢の風味はしっかり焼くと飛ぶので、
酸っぱいのが苦手でも怖がらないで。
・味つけは照り焼き風に。
大分のメーカー、フンドーキンの
「あまくておいしい醤油」は
かけるだけでほんのり
照り焼き風味になるので、
重宝しています。

あまくておいしい醤油
フンドーキン

焼いて
甘辛味にして
ごはんにドン！

豚キムチならぬ
「ホタテキムチ」丼

元気が出るレシピ

ホタテキムチ丼

材料（1人分）

ミニホタテ
…4～6個（60～70g 程度）
キムチ（ざく切り）…70g
卵 …1個
酒 …大さじ 1/2
醤油 …小さじ 1/2
植物油 …小さじ 1
小ねぎ（小口切り）…お好みで
ごはん …1膳分

作り方

1 フライパンに油をひいて中火にかけ、ホタテを入れる。
2 ホタテの片面に軽く焼き色がついたら、キムチ、酒を入れて軽く炒める。
3 卵を溶き入れ、醤油を加えて全体を軽く混ぜて好みの固さにとじる。
4 器にごはんを盛り、3をのっけて、お好みで小ねぎをふる。

今日の当番

・お刺身用のホタテは値が張るけれど、ボイルされたミニホタテは鮮魚コーナーで、お手頃価格で手に入りますよ！

カレーのっけ焼きそば

材料（1人分）

焼きそば麺（ソース付き）
　…1～1.5人前
もやし…1/2袋
米油…大さじ1
豚こま切れ肉…50g
玉ねぎ（薄切り）…1/4個
ミックスベジタブル…大さじ2
カレールー（できれば甘口）
　…1かけ
牛乳…50mℓ

作り方

1 鍋に油大さじ1/2を入れて中火で熱し、玉ねぎと豚こま、ミックスベジタブルを入れてサッと炒める。水200mℓ（分量外）を入れ、煮立ったらカレールーを加えて煮溶かし、牛乳を加えてひと煮立ちしたら火を止める。

2 麺は耐熱容器に入れ、ふんわりラップをかけて電子レンジ600Wで1分加熱。フライパンに油大さじ1/2を入れて中火で熱し、もやしを入れて炒める。

3 もやしの色が変わったら麺を加えて全体を混ぜ、付属の焼きそばのソースを半量加えて炒め、器に盛る。1のカレーをのっける。

今日の当番

・新潟のB級グルメの名店「みかづき」のカレーナポリタンをイメージ。店にならって、極太麺か極太パスタがあればぜひ使って。
・カレーにも十分な塩分がありますので、焼きそばのソースは半量でOKです。なければ中濃ソースで代用して。

新潟「みかづき」
人気麺は罪な味
名店の
再現
レシピ

ぽん酢
×オイスターソース
が美味！

牛肉、パプリカ、ヤングコーンのっけ焼きそば

あっさり
いただけます

材料（1人分）

牛バラ薄切り肉 …70g
パプリカ …40g
ベビーコーン …4 本（30g）
焼きそば麺 …1 人前
小麦粉、塩こしょう …適量
植物油 …小さじ 2
A ぽん酢 …大さじ 2
酒 …小さじ 2
オイスターソース
…小さじ 1/2

作り方

1 フライパンに油小さじ 1 をひいて弱めの中火にかけ、麺をほぐさずに入れて 5 分焼き、返してまた 5 分焼いておく。

2 牛肉は 1㎝幅に切り、塩こしょうを強めにして小麦粉を全体にふる。パプリカは薄切りにし、ベビーコーンは縦半分に切る。A を合わせておく。

3 フライパンに油小さじ 1 をひいて強めの中火にかけ、フライパンが熱くなったら2を入れて炒め、牛肉の赤いところが大体なくなったら A を加えて全体になじませつつ、軽く炒める。

4 器に1を盛り、3をのっける。

今日の当番

・ちょっと手間でも作ってほしい焼きそばです。
ぽん酢にオイスターソースなんて味の想像つかないでしょうが、酸味が飛んでさっぱりと食べやすく仕上がりますよ。

焼きそばナポリタン 目玉焼きのっけ

野菜
たっぷり

材料（1人分）

焼きそば麺…1～1.5人前
ベーコン …1枚
玉ねぎ …1/4個
ピーマン …1個
赤ワイン（または酒）…大さじ1
ケチャップ …大さじ3～4
バター …10g
オリーブオイル …大さじ1
卵 …1個
塩こしょう …少々

作り方

1 麺は耐熱容器にのせて電子レンジ600Wで1分加熱する。ベーコンは1cm幅に切り、玉ねぎとピーマンは5mm幅の薄切りにする。

2 フライパンにバターを入れて中火で熱し、ベーコン、玉ねぎ、ピーマンを入れて炒める。玉ねぎがしんなりしたら、麺を加える。赤ワインをふりかけ、全体になじませたらケチャップを加えて、塩こしょうで味を調え、器に盛る。

3 フライパンにオリーブオイルを入れて中火で熱し、卵を割り入れる。塩こしょうをふり、白身のふちがカリッとしたら取り出し、2にのっける。

今日の当番

・「ナポリタンが食べたい！」と思ったら、焼きそばの麺で作ります。パスタをゆでる手間がないから機動力も高く、何より、おいしい。
・ベーコンの代わりにハムでもOK。ケチャップ、バター、赤ワインで喫茶店のナポリタンの味に。白ワインでもおいしくできますよ。

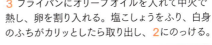

牡蠣とにらのっけラーメン

材料（1人分）

牡蠣 …4 個
にら …1/4 束
きくらげ …4 枚
しめじ …1/4 パック
オイスターソース
　…小さじ 1/2
ごま油 …小さじ 1
インスタントラーメン
　…1 袋
小麦粉…少々

作り方

1　牡蠣はふり洗いして水気を拭き取り、小麦粉をまぶす。にらは 3cm幅に切る。
きくらげはぬるま湯でもどして食べやすい大きさに切る。しめじは石づきを切り落としてほぐす。
2　フライパンにごま油を入れて中火で熱し、牡蠣を入れ焼く。表面に焼き目がついたら野菜、オイスターソースを加えて炒める。
ごま油（分量外）をまわしかけて火を止める。
3　ラーメンは袋の表示どおりにゆでて、麺とスープを器に盛り、2をのっける。

マルちゃん正麺　醤油味
東洋水産

マルちゃん
正麺
醤油味

今日の当番

・冬になるとどうしても食べたくなる、豊洲市場のあの名店の牡蠣ラーメン。ぷっくりした牡蠣ににら、とても身体があったまります。今回はしめじも入れて。
・本当は塩ラーメンなのですが、今回は醤油で作りました。

名店の
再現
レシピ
“豊洲市場の
名物ラーメン”
風に！

お酒を呑んだあと
の〆にも最高！
あっさり
いただけます

海苔としらすのっけビーフン

材料（1人分）

ビーフン（乾燥）…50ｇ
海苔 …全形１枚
しらす …30ｇ
バター …10ｇ
醤油 …小さじ２
こしょう …お好みで

作り方

1 フライパンにビーフン、海苔 3/4 枚、水 200㎖（分量外）、醤油小さじ 1、しらす半量を加え、フタをして強めの中火で時々ほぐしながら４分ほど煮る。水気がほぼなくなったらバターと醤油小さじ１を加え、全体になじませ、火を止める。

2 器に盛り、ちぎった残りの海苔としらすをのっける。
お好みでこしょうをふっても。

今日の当番

・見た目以上においしい海苔ビーフンです。ビーフンは下ゆでなしで、フライパンひとつで気軽にできるのでぜひ作ってみて。
・やはり、海苔×バター×醤油の組み合わせ、最強です。お酒を呑んだあとの〆にもいいですよ。つまりそういう味です。

香菜×しらすの完璧な組み合わせ
クセになる味

香菜のオイルパスタ、しらすのっけ

材料（1人分）

スパゲッティ …100g
香菜（パクチー）…2 本
にんにく …1 片
赤唐辛子 …1 本
ナンプラー …小さじ 1 程度
塩 …適量
しらす …好きなだけ
オリーブオイル …大さじ 1

作り方

1 スパゲッティは沸騰した湯（分量外）に塩を入れ、袋の表示どおりゆでる。赤唐辛子は種を取る。にんにくはみじん切りにし、香菜は細かく刻む。

2 フライパンにオリーブオイルを入れ、にんにくを弱火で熱する。

3 香りが立ったら赤唐辛子を加える。スパゲッティの湯大さじ 2 を加え、香菜を入れる。

4 ゆで上がったスパゲッティを加え、ナンプラーで味を調えたら、器に盛る。しらすをのっけて、混ぜながらいただく。

今日の当番

・アーリオ・オーリオの味つけはいつも塩だけど、今回は香菜なので、ナンプラーを使ってみました。
・この香菜×しらすの組み合わせですが、出汁巻き卵に入れてもおいしいんですよ。香菜がなければパセリでも OK。

ごはん
麺
パン
肉
魚介
野菜
卵
大豆系

そうめんに
辛味を加えた
「ビビン麺」

ハム、きゅうりのっけビビンそうめん

材料（1人分）

そうめん …1人前
きゅうり、ハム（千切り）…適量
ゆで卵 …1/2 個
A ［コチュジャン …大さじ 1
　砂糖、醤油、ごま油 …各小さじ 1
　酢 …大さじ 1
　おろし生姜 …小さじ 1/2
糸唐辛子、白すりごま …各適量

作り方

1 Aは合わせておく。
2 そうめんをゆでて、1で和えて器に盛る。
3 きゅうり、ハム、ゆで卵をのせ、白すりごまをふり、糸唐辛子をのっける。

新たな
おいしさ
発見

今日の当番

・韓国の定番麺料理「ビビン麺」をそうめんで。
・コチュジャンは常備をおすすめ。ビビンバに添えたり、お刺身のヅケやサバの味噌煮にちょっこっと入れたり。いつもの和食が韓国料理に変身します。

のっけ TALK TIME 6

クセの強い魚も野菜もおいしくのっける

白央　**「菜の花とハムの混ぜごはん（P80）」**、菜の花のゆで汁はいいお出汁になるよね。

しらい　そうそう。私、アブラナ科の野菜が結構好きで。フライパンで焼き付けたりしてもおいしくなるよね。

白　白菜、キャベツ、ブロッコリーなどがアブラナ科。アブラナ科だけにどれも油と相性がいい。

し　**「春菊ビーフライス（P82）」「セリたっぷり牛丼（P84）」**とか、なかなかクセの強い野菜が好きだね～（笑）。使い方も面白いし。

白　クセといえば**「ブリのスパイスカレーのっけ（P91）」**、ブリとスパイスの好相性に驚いた！

し　ブリは少し臭みがあるからカレー向き。梅干しを使ってキリッと味をひきしめて。

白　**「鮭の焼漬、イクラのっけ丼（P92）」**で中ざら糖の方がいいのは甘さにインパクトが出るの？

し　ざらめはコクが出るんですよね。だからおいしい。**「イワシのかば焼き丼（P94）」**では、「あまくておいしい醤油」を使っていますね。

白　これ便利なんだよねえ、一発で味が決まるんです。酒、みりん、砂糖でやるところをこれだけで似たような風味に仕上げられるので、よく使ってます。納豆や卵かけごはんにもいいんだよ。九州の甘い醤油でもいい。

し　**「ホタテキムチ丼（P96）」**、私はこれで食材としてのミニホタテを見直しました。

白　実はそんなに高くないし、使い勝手がいい。

し　炊き込みごはんにも使えるよね。炊き込んでも縮まなくてちょうどいい。**「牛肉、パプリカ、ヤングコーンのっけ焼きそば（P98）」**、ぽん酢＋オイスター、これはちょっと初めてだな。

白　さっぱりしていいんです。

し　牛乳＋オイスターの組み合わせもおいしいですよ。オイスターソースは、隠し味でも大活躍だよね。

第7章

買って のっける

料理するの面倒！ 今日はラクにいこうかな……
という時に役立ってくれる、おいしく心強いアイテムを
ご紹介します。レシピメモもついてます。

※情報は2024年7月現在のものです。
※価格は税込みです。

買ってのっけるおいしいメモ 1

さけ茶漬

（中ビン・140g）

2160円 / 加島屋

私の故郷・新潟が誇る、ものすごくおいしい鮭フレーク。なかなかの高級品のため、贈り物でいただくことをいつも期待しております。脂ののったキングサーモンを使用し、白米にのっけていただくのが最高で最強です。

「さけ茶漬」のっけごはん

作り方メモ

炊きたてのごはんに
好きなだけ「さけ茶漬」をのっける。

買ってのっけるおいしいメモ 2

キタムラサキウニ塩水瓶詰め

（岩手県産・150g）

3520円 / エーシンフーズ

岩手を旅した時に立ち寄ったスーパーで見つけた三陸の夏の風物詩、牛乳瓶に詰められた生ウニ。朝穫れのウニを紫外線殺菌水と瓶詰めに。ミョウバンは使っていません。ウニ本来のおいしさがいっぱいです。

瓶詰めウニのっけごはん

作り方メモ

炊き立てのごはんに
好きなだけウニをのっける。

買ってのっけるおいしいメモ ③

黒糖生姜そぼろ

(85g)

648円 / ビン food

生姜の風味が鮮烈な「黒糖生姜そぼろ」。干しえびのコクと黒糖の甘味がいいバランス。レンズ豆を加えてあるのが面白くてね。ごはんのおともにピッタリ。「白央篤司のいいもの見つけた！」シリーズに加えるの、即決定。

「黒糖生姜そぼろ」のっけごはん

作り方メモ

あったかいごはんに
「黒糖生姜そぼろ」を適量のっける。

買ってのっけるおいしいメモ ④

しば漬けアラビアータ

(90g)

1026円 / 日本のイタリア料理屋 fudo

京都のイタリアン「fudo」のごはんのためのパスタソース「しめのめし」シリーズは珍しいおともが色々ありますが、私は「しば漬けアラビアータ」がお気に入り。初めていただいた時、なるほど、この手があったか！と驚きました。

イタリアンおとものっけがゆ

作り方メモ

白がゆを温め、温泉卵をおとし、
おともをのっける。

買ってのっけるおいしいメモ ❺

国産あなご醤油煮

9年ぶりに
嬉しい
復活!

900円 / 木の屋石巻水産

お取り寄せ仕事で知ったのですが、じっくりと煮込まれていて小骨まで柔らかいのも嬉しい。公式サイトにある、缶ごと湯せんする方法で温めるとさらに美味。くれぐれも「火を止めて」から温めるのを忘れないで。

穴子丼

作り方メモ
ごはんに「あなご醤油煮」をのせて、刻みねぎを散らす。

買ってのっけるおいしいメモ ❻

あげ麩

柔らかくて
香ばしい
絶品のお麩

440円 / 槻山製麩所

岩手県一関市にある槻山製麩所の「あげ麩」。汁を吸った時の柔らかさと香ばしさが素晴らしく、一度食べてすっかりファンになりました。銀座にある岩手県アンテナショップ、東北の物産展などで見つけたら逃さないで。

あおさとお麩のっけうどん

作り方メモ
あげ麩は半分に切り、うどんは袋の指示どおりに加熱する。
器に温めたうどんつゆとうどんを入れ、あげ麩、あおさ海苔をのせる。

買ってのっけるおいしいメモ 7

納豆辣油（105g）

1404円 / あたらしい日常料理 ふじわら

国産長芋とろろ

162円 / アスザックフーズ

「白央篤司のいいもの見つけた！」シリーズ。「納豆辣油」はえびと花椒の風味がよく、塩気の塩梅も見事であれこれかけたくなります。ふじわらさんのプロダクツにハズレなし。「長芋とろろ」はお出汁も効いてて手間いらず。

「納豆辣油」とろろごはん

作り方メモ

「国産長芋とろろ」を袋の指示どおりもどす。ごはんにとろろをかけ「納豆辣油」をのせる。

買ってのっけるおいしいメモ 8

舟納豆

205円 / 丸真食品

茨城・丸真食品の「舟納豆」が私のごひいき。粒立ちと食感の良さ、すっきりとした香りが魅力です。百貨店や一部スーパーでも取り扱いがあり。丸真食品の「ワイン de ナットーネ」というおつまみもまた好きなんです。

納豆のっけもち

作り方メモ

砂糖小さじ1と醤油小さじ2をよく混ぜる。
納豆を好みの状態にかき混ぜておく。
もちを好みの加減に焼いて、
納豆をのせて砂糖醤油をかける。

買ってのっけるおいしいメモ 9

辛そうで辛くない少し辛いラー油

450円（オンライン価格）/ 桃屋

一世を風靡した食べるラー油は、納豆に混ぜてもおいしい。納豆は小粒かひきわりだと味がなじみやすくオススメ。ごはんはもちろん、好きな麺類に絡めても。お好みで小ねぎ、海苔などのっけてくださいね。

食べるラー油のっけ納豆そば

作り方メモ

そばを袋の表示どおりにゆで、
流水でしっかり洗ってぬめりを取り器に盛る。
付属のたれをよく混ぜた納豆をのせる。
食べるラー油をかける。

買ってのっけるおいしいメモ 10

かにみそバーニャカウダ

1350円 / 門永水産

「白央篤司のいいもの見つけた！」シリーズ、境港産紅ズワイガニのカニ味噌を使用したバーニャカウダソース。カニ味噌の旨みはそのままにクセは抑えてあって使いやすいんだなあ。野菜やマヨとの相性もいいですよ。

カニ味噌サラダのっけパン

作り方メモ

パンはトーストしてマヨネーズをぬる。
トマトときゅうり、「かにみそバーニャカウダ」をのせる。

買ってのっけるおいしいメモ 11

イカたっぷりしらす

（100g）

400円 / 西村物産

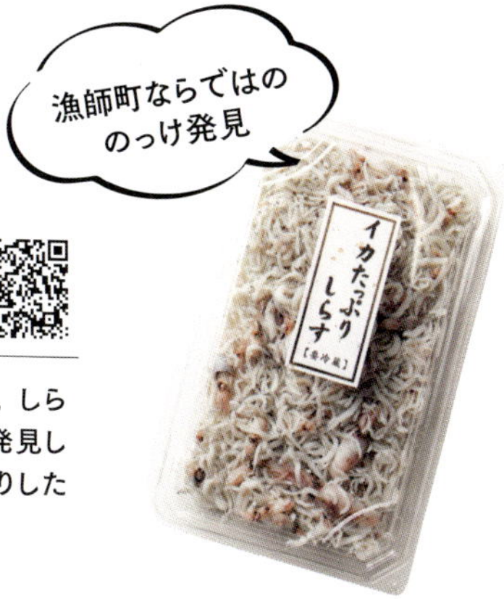

和歌山県箕島は漁師町として栄えてきた場所です。しらす漁で有名な紀伊水道のお土産屋さんでこちらを発見して即買い！　しらすの穏やかな旨みとイカのしっかりした旨みが口の中で交じり合ってなんともおいしい。

イカしらす丼

作り方メモ
温かいごはんに「イカたっぷりしらす」を
好きなだけのっけて、醤油少々をかける。
大葉や青ねぎを刻んで加えてもいいですね。

買ってのっけるおいしいメモ 12

桜えびの沖漬け

（冷凍・100g）

950円 / 由比港漁協

静岡県の由比エリアは桜えびの名所。由比港で水揚げされた風味豊かな桜えびを漁師自ら特製ダレに漬け込んだもの。臭みはまるでなく、醤油の辛みもおだやか。噛むとほんのりえびの甘味が感じられて、白飯に合うことうけあい。

「桜えびの沖漬け」のっけごはん

作り方メモ
あたたかいごはんをよそい、
「桜えびの沖漬け」をのっける。

買ってのっけるおいしいメモ 13

レンジでチンの
即席丼

うな次郎

494円 / 一正蒲鉾

「うな次郎」は新潟にある一正蒲鉾の商品。魚のすり身で作られたうなぎ風で好きなんです。皮まで焼き目がついて香ばしいし、間違いなくごはんが進む味つけだし、スーパーで見かけると買っちゃうんだなあ。

「うな次郎」のっけ丼

作り方メモ
「うな次郎」のパッケージの指示どおりにレンジで加熱して、ごはんにのせる（※完成写真は 1/2 パックをのせています）。

買ってのっけるおいしいメモ 14

見事な味で
ローカロリー

イタリアンバーグ

760円 / 木の屋水産

「白央篤司のいいもの見つけた！」シリーズ、今回は鯨肉100%のハンバーグ。鯨の腹の内側、サシ（脂）の入った赤身肉を使用していて、妙にクセになる味わい。ソースの監修は「アル・ケッチァーノ」の奥田政行シェフ。

鯨バーグのっけ丼

作り方メモ
缶詰を開けて耐熱容器に移し、
ラップなどをしてレンジで温める。
器にごはんを盛り、鯨バーグ、温泉卵、
レタスなどを添える。

買ってのっけるおいしいメモ 15

贅を味わう 麻婆豆腐の素 辛口（180g）

あまりの簡単さと完成度の高さ

292円 / 丸美屋食品

丸美屋の「贅を味わう」シリーズは衝撃のおいしさ。料理研究家になってから「〇〇の素」系を使う機会が少なくなってますが、あまりの簡単さと完成度の高さに驚愕。

丸美屋麻婆のっけライス

作り方メモ

フライパンに「麻婆豆腐の素」を入れて熱し、長ねぎ、豆腐を入れる。
再度ひと煮立ちしたら、ごはんにのせる。

買ってのっけるおいしいメモ 16

バーモントカレー 中辛（115g、6皿分）

大好きな定番カレーをアレンジ

241円 / ハウス食品

たまにモーレツに食べたくなる「バーモントカレー」。大学時代に友人宅で食べたカレーにえのき茸が入っていて衝撃をうけました。ルーのカレーにえのき茸を入れるとなんともまろやかに。豆乳も足して更にまろやか度UP！

えのきバーモントカレー

作り方メモ

フライパンに豚肉を入れて熱し、にんにく、玉ねぎ、えのき茸を入れ炒め、水を入れて強火で熱する。
ルーを入れて溶かし豆乳を加えひと煮立ち。
ごはんにかける。

買ってのっけるおいしいメモ 17

イシイのおべんとクン ミートボール

ソースのお味を
生かして
手軽においしく

151円 / 石井食品

ちっちゃい頃好きだったイシイのミートボール。弁当に入っていると嬉しかったもんです。ちょうどピーマンがあったので、2つを合わせてミニ丼に。刻んで炒めて混ぜるだけ、調味料の要らないお手軽ごはんです。

肉団子とピーマンのっけごはん

作り方メモ

フライパンに油をひいて中火にかけ、
ピーマンを入れて炒め、
「イシイのミートボール」を入れて、
全体に絡めるように混ぜる。
ごはんにのせ、お好みで白ごまをふる。

買ってのっけるおいしいメモ 18

牛たんデミグラスソース煮込み

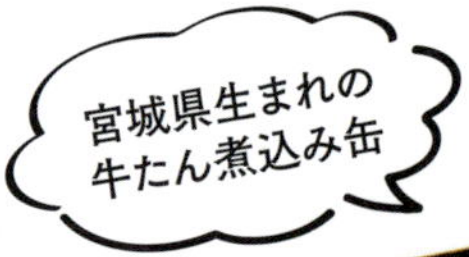

900円 / 木の屋石巻水産

宮城県といえば名物のひとつに牛たんがありますけれども、先日地元の方にいただいたデミグラスソース煮込みの缶詰がおいしくて、びっくりしました。即座に「白央篤司のいいもの見つけた！」シリーズで紹介決定です。

牛たんデミ丼

作り方メモ

缶詰を開けて中身をしっかり温め、
ごはんにのっけ、お好みでミックスリーフを添える。

買ってのっけるおいしいメモ 19

延岡メンマ（醤油）

980円 / LOCAL BAMBOO INC.

宮崎のイベントで出会った「延岡メンマ」。放置竹林の孟宗竹（モウソウチク）を使用した国産 100% メンマだそうです。早速豚肉と炒めて、丼にしました。メンマの旨みで味つけいらず！　メンマ、素晴らしい！

延岡メンマ料理その1 豚メンマ丼

作り方メモ

フライパンにごま油を入れて豚肉を炒める。
豚肉の色が変わったら長ねぎ、
メンマを加えてさらに炒め、醤油をまわしかける。
ごはんにのっけて食べる。

買ってのっけるおいしいメモ 20

延岡メンマ料理その2
メンマ入りにら玉丼

いつものにら玉に入れました。１人前ですが、卵２個を贅沢に使ってふわふわな仕上がりに。このにら玉には明石で買ってきた魚醤を使ってます。魚醤って塩味も旨みも凝縮されていて便利なんです。

作り方メモ

溶き卵に魚醤（またはナンプラー）を加える。
フライパンにごま油、にんにくを入れて、
香りがたったら赤唐辛子、にらとメンマを入れる。
溶き卵を流し入れて、お好みの固さになったらごはんにのっける。

買ってのっけるおいしいメモ 21

手間いらず 大根おろし（粗おろし）

174円 / 新進

昔、アルバイトしていたレストランのまかないで出てきた組み合わせ。シンプルかつ手軽で、おいしいんだなあ。ツナ缶はノンオイルタイプを使い、オリーブオイルを後がけに。このほうがさっぱり風味よくいただけます。

ツナおろしのっけスパゲッティ

作り方メモ

スパゲッティをゆでて、
ざるに上げて冷水に取り、水気をよく切る。
器に盛ってツナ、大根おろし、
かいわれ菜をのせ、めんつゆをかけて、
オリーブオイルをふる。

買ってのっけるおいしいメモ 22

海老三味

756円 / 幸徳堂

ごはんのおともの専門家「おかわり JAPAN」の長船さんから教えて頂き、あまりのおいしさに驚きました。某高級ホテルの XO 醤を彷彿とさせる複雑な旨味、でもお値段はお手頃というありがたさ。ぜひ一度味わって欲しい。

エビオイルふりかけのっけ

作り方メモ

即席麺は鶏ひき肉と一緒に袋の表示どおりに
ゆで、ザルに上げる。ボウルにナンプラー、レモン汁、
砂糖、輪切唐辛子、海老三昧を入れて混ぜ、
麺とひき肉を加えてさっと混ぜる。器に盛り、
香菜と万能ねぎをどっさりのせて混ぜながら食べる。

買ってのっけるおいしいメモ 23

そのままでも
煮てももっちり美味！

野菜揚げ 211円
小笹 145円（写真左から）/ 粟野蒲鉾店

昔、8 年ほど暮らした仙台の名物・笹かまぼこ。私の推しは石巻市の「粟野蒲鉾店」さん。そのままはもちろん、おつゆで煮ると汁に魚肉の旨みが加わり、汁を吸って食感がもっちりおいしい。仙台駅でも買えますよ。

笹かまぼこのっけうどん

作り方メモ
鍋にうどんつゆを入れて、「小笹」、「野菜揚げ」を加えて 10 分ほど沸騰するかしないかぐらいの加減で煮る。器に麺と汁を入れ、「小笹」、「野菜揚げ」をのっける。

買ってのっけるおいしいメモ 24

アレンジ無限
醤油&オイ

山椒香味油（米油使用・97g）
1188円 / 築野食品工業

底引きたまり（100mℓ）
558円 / 東海醸造

「山椒香味油」は山椒好きにはたまらない、青くさわやかな香りと刺激。「底引きたまり」は東海地方独自のお醤油で、旨味たっぷり濃厚な味わい。どちらもお料理のおいしさをワンランクアップしてくれる調味料です。

削りたてかつおぶしのっけのやわらかうどん

作り方メモ
うどんを少し長めに麺が柔らかくなるまでゆで、たまり醤油でひと混ぜし、山椒オイルをまわしかける。器に盛り、かつおぶし、ねぎをのせる。お好みで一味唐辛子などふりかけても。

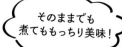

あとがき

白央　さて、そろそろこの本もおしまい。しかしまあ、いろいろのっけてきたもんだねえ。

しらい　本当だねえ。

白　なんだか、もっとあれこれのっけたくなってきたよ。のっけには「人生」が出るね。

し　あはは、大きくきたわね。これからもいろいろのっけていきたい。たとえば、日本各地をのっけていくなんてどう？

白　いいね！　「日本」をのっける。

し　『なんでも鑑定団』みたいに各地を回ってさ、いろんな場所、いろんな人の「のっけ」を見せてもらうの。「いい仕事してますねえ！」なんて判定したりして（笑）。

白　各地のローカルフードを発掘することにも繋がるだろうし、ご家庭ごとのオリジナルのっけも多そう。

し　「我が家ののっけ」、教えてもらいたい〜！　夢は広がるね。

しらいのりこ

白央篤司

夢が広がる「のっけ」の輪！

し　5分番組もいいかも。テレ東さんで。私、テレ東好きだから。

白　私はNHKを狙いたいですね。NHKさんは47都道府県に支局があるから各地の食情報の蓄積、ハンパないもの。『サラメシ』のっけスペシャルなんて、実現しそうじゃない？

し　それなら『のど自慢』の前座で『のっけ自慢』って新番組を目指すのはどう。私たち、審査員でさ。

白　鐘の判定むずかしそうだね（笑）。

し　『のど自慢』と抱き合わせで日本中を回ることになるわ、忙しくなるわよ！

白　どうせなら『しらいのりこの　のっけん坊！万歳』という番組で全国を回るのはどう？　「みなさ〜ん、のっけてますか〜？」とか言って。

し　しゃもじじゃなくて、丼を持ってね。

白　あはは。地方でおいしいものを作っている会社を巡るのもいいなあ。たとえば、納豆を作っている会社に行ったら、社員のみなさんがどう納豆をのっけているのか教えてもらうとか。

し　発見が多そう。あと、スーパーマーケットひとつでもたくさんのっけネタがあるよね。地方のスーパーを訪ねて、目を皿にしながら店内を回るなんてのっけ番組も絶対楽しいはず。

白　中華街やコリアンタウンとかを訪ねて、移住された方たちの「のっけ」を教えてもらう、なんてのもやりたい。日本って本当にいろんな食文化が混在していて、その楽しさもあるよね。

し　いろんな国の方々の「のっけ」、知りたい！　しかしなんで私たち、のっけ番組の構想を練っているの（笑）？

白　なんなんだろうね（笑）。番組主題歌は「のっけのっけられて生きるのさ」でいきましょう。

し　いいね、それ（笑）。

簡単なことから自炊に近づいてくれたら

白　料理というか自炊ってさ、簡単なことから始めて、だんだん手をかけるものにゆっくり進んでいく…というのが理想的だと思うんですよ。最初から手間のかかるものを作ってしまうと「こんなに面倒なのか、料理って！」となりがち。最初は「手間がかかる」がどういうことかもわからないしね。それで「料理なんて手間もかかって、コスパも悪い」と思われちゃうこと、結構ある。

し　「のっけ」はそういう意味でも、料理ビギナーの方にもいいよね。基本的に何をのっけてもいいんだなんて思ってもらえたらいいなあ。「のっけ」には、包容力がある。

白　ああ、まさにそう。この本は「ただのっける」や「買ってのっける」というごく簡単なものあり、しっかり作るものあり、ビギナーの方がちょっとずつ料理に近づいてくれたらいいな、という思いも込めて構成したんだよね。

し　「これならできそう」と思えるようなレシピもいっぱい詰まっていると思うので、「のっけ」から料理に近づいてくれる人がいたら、とてもうれしいです。

白　さあのりちゃん、おつかれさまでした。打ち上げに行こう！

し　次にのっけるものの相談しよう！

索引

白ごはんエンドレス

元気が出るレシピ

新たなおいしさ発見

食欲がない日にも

旬の楽しみ

お刺身変身レシピ

おかわり必至

驚きの組み合わせ

クセになる味

クセに
なる味

名店の再現レシピ

名店の
再現
レシピ

郷土系レシピ

LOCAL TASTE
郷土系
レシピ

いつでも食べたい

いつでも
食べたい

野菜たっぷり

あっさりいただけます

がっつりいきましょう！

風邪の日に食べたい

おもてなしにも

ホッとする味わい

ブックデザイン
野中深雪／観野良太
イラストレーション
二村大輔
写真
しらいのりこ(ごはん同盟)／白央篤司／志水隆
スタイリング
しらいのりこ(ごはん同盟)／白央篤司
DTP制作
エヴリ・シンク

CREA WEB連載「のっけて、食べる」から抜粋して再編集・加筆しました。
まえがき、あとがき、のっけtalk Timeは書き下ろしです。

しらいのりこ

お米料理研究家。米農家出身の夫、シライジュンイチ氏とともにごはん好きの炊飯系フードユニット「ごはん同盟」として、美味しいご飯の炊き方やお米の料理、ごはんに合うおかずなどのレシピ考案を行う。著書に『ごきげんな晩酌　家飲みが楽しくなる日本酒のおつまみ65』（山と溪谷社）ほか。

X:@shirainoriko　Instagram:@shirainoriko

白央篤司（はくおう・あつし）

フードライター、コラムニスト。出版社勤務を経てフリーに。日本の郷土料理やローカルフード、現代人のための手軽な食生活の調え方と楽しみ方をテーマに企画・執筆を行う。著書に『台所をひらく 料理の「こうあるべき」から自分をほどくヒント集』（大和書房）ほか。

X:@hakuo416　Instagram:@hakuo416

のっけて食《た》べる

2024年9月10日　第1刷発行

著　者　しらいのりこ、白《はく》央《おう》篤《あつ》司《し》

発行者　小田慶郎

発行所　株式会社 文藝春秋
〒102-8008 東京都千代田区紀尾井町3-23
TEL 03(3265)1211(代)

印刷・製本　光邦

　ISBN978-4-16-391851-8
Printed in Japan